MOUNTAIN

登自己的山

All This Wild Hope

Die Republik der freien Geister
自由精神的共和国

耶拿 Jena 1800 年

Peter Neumann

[德] 彼得·诺伊曼 著 张见微 译

△ GUANGXI NORMAL UNIVERSITY PRESS
广西师范大学出版社
·桂林·

图书在版编目(CIP)数据

　　耶拿1800年：自由精神的共和国 / (德) 彼得·诺
伊曼著；张见微译. —— 桂林：广西师范大学出版社，
2024.6
　　书名原文：Jena 1800: Die Republik der freien Geister
　　ISBN 978-7-5598-6881-7

　　Ⅰ.①耶… Ⅱ.①彼… ②张… Ⅲ.①哲学家 – 思想
评论 – 德国 Ⅳ.①B516.3

　　中国国家版本馆CIP数据核字(2024)第075789号

著作权合同登记号桂图登字：20-2024-024号

YENA 1800 NIAN: ZIYOUJINGSHEN DE GONGHEGUO
耶拿1800年：自由精神的共和国

作　　者：(德) 彼得·诺伊曼
译　　者：张见微
责任编辑：谭宇墨凡
封面设计：WSCgraphic.com
内文制作：燕　红

广西师范大学出版社出版发行

　　广西桂林市五里店路 9 号　邮政编码：541004
　　网址：www.bbtpress.com

出 版 人：黄轩庄
全国新华书店经销
发行热线：010-64284815
河北鑫玉鸿程印刷有限公司印刷
开本：860mm×1092mm　1/32
印张：7.5　　　　字数：137千
2024年6月第1版　2024年6月第1次印刷
定价：66.00元

如发现印装质量问题，影响阅读，请与出版社发行部门联系调换。

目 录

分 晓

大地在颤抖，窗玻璃咔嗒作响，低沉而又真切的炮声在整座城市回荡。攻击从南边而来。一阵极强的爆炸声之后紧接着的是一阵较弱的爆炸声，然后逐渐地，断断续续的爆炸声演变为持续不断的轰鸣，仿佛所有的排炮都在开火。普鲁士在马乌阿和温泽拉的前哨已被攻克，其他部队已撤退到北方。

人们和衣躺在床上，竖起耳朵保持警觉。城市里死一般的寂静随时都有可能被火警或者叮叮当当的钟声打破。大多数居民都待在自己家里，不时地向外偷看，提心吊胆地听着外面的动静。

法国巡逻队的枪声很快就会响彻于狭窄的街道，城里的居民将面对一个全新的世界，目睹他们从未想过的场景。那些惯于听逻辑学和形而上学讲座，辩论这种或那种哲学体系的优点，讨论文学、艺术、历史和自然哲学的学生，在 1806 年 10 月 13 日的清晨，被饥肠辘辘的士兵手持火把在街上游荡的动静惊醒。只有沉着冷静、法语相当好且没有采取什么敌对行动的人，才会免遭掠夺和抢劫。即便如此，所有的小巷都能听到狂呼乱嚷。大多数的屋子在上午 10 点前就已经被洗劫一空：钱、金表和银餐器。还有葡萄酒——这里的葡萄酒太多了。开门*！所有不愿服从的人，房门都被当场撬开。人们知道不能拉开百叶窗。士兵们什么事都做得出，他们会砸碎窗户，撑跳进去。

　　到了中午，在军队行进曲的伴奏下，第一批正规军由头上插着高羽的将军和军官率领，威武而优雅地从南部的纽特尔进入，开始恢复秩序。接着，在当地的拾荒者、痞子和骗子将法国人留在房子里的东西纳为自己的战利品之后，街道重归平静。但这种平静具有欺骗性。在一个充满不确定和恐惧的时代，在世界历史（Weltgeschichte）和世界精神（Weltgeist）相互碰撞的过程中，无人知晓事情将如何发展。空气中弥漫着战争的气息；事实上，它真的会到来。一切都将在耶拿见分晓。

---

*　原文为法语。——译注

第一部分　未竟的革命

风暴之眼

哲学席卷欧陆

　　夜色已经降临在洛伊特拉街5号。通常情况下，住在这里的人白天会长时间待在自己的房间里工作和写作，但当这一天接近尾声时，弗里德里希·施莱格尔（简称"弗里茨"）和哥哥奥古斯特·威廉·施莱格尔（简称"威廉"）、卡罗琳·施莱格尔、多罗特娅·法伊特、谢林、诺瓦利斯和路德维希·蒂克会聚集到客厅的小沙发旁，挨着火炉坐着。和茶水一起端上来的还有奶酪、腌鲱鱼和土豆，都是些中午吃剩的东西。谢林不停地把手伸进腌菜罐。积蓄几乎都用光了，而写作并没有带来像样的收入。不过，财务问题对他们来说并没有那么重要；在用晚餐的时候，他们仍不忘进行哲学思考，研习意大利语。那晚，他们讨论了但丁的《神曲》，弗里茨熟谙这部作品。他在背诵但丁时双眼发光，匀称的五官舒展开来，几乎忘了吃饭，而他方才在绞尽脑汁写小说《卢琴德》的第二部时，可是一副愁眉苦脸的样子。

就在《卢琴德》等待续篇的时候——第一部在半年前，也就是 1799 年的复活节就已经出版——谢林在酝酿一首有关自然的长诗。[*]这将是所有诗歌中最具诗意的一首，没有任何特质，或者至少看起来没有任何特别之处；这是一首绝对的说教诗，一首沉思性的史诗，其唯一的内容是：无条件的形式。他在孤独中创作。但这里是耶拿，这座城市太小，没人能做到沉浸在自己的思想中而不被注意。在座的每个人都知道谢林在忙什么。

谢林的《自然哲学体系初步纲要》刚出版不久，每个人的嘴边都挂着他的名字。文学期刊纷纷给予猛烈的抨击，耶拿的学生们却都拜倒在他的脚下。作为争议之源的谢林大多数时候都独来独往，甚至对他的朋友们来说，他也是一本合上的书。看着他午餐时间伏在桌子边喝汤的样子，你可能会以为他是一名军事指挥官，也许是一位法国将军，而不是一位了不起的哲学家。谢林不太愿意站在讲台上，也不太愿意融入文坛。卡罗琳称他为"真正的花岗岩"[†]。

---

[*] 谢林只写出来一点，并于 1802 年在威廉和蒂克编辑的《缪斯年鉴》上以波那文图拉（Bonaventura）为笔名发表。

[†] 出自卡罗琳在 1798 年 10 月 14 日写给弗里茨的信。弗里茨回答说："但是谢林这个雄性花岗岩，要去哪里找与之相配的雌性花岗岩呢？她至少得是玄武岩吧？"

　　只有卡罗琳能够接受他的天性。她深深被他吸引，他也对她相当着迷，尽管她差不多比他大了十二岁。就在前几天，他偷偷将一根黑羽毛插到她的帽子上，令她大吃一惊。黑色的羽毛象征着魅力、魔法和神秘。谢林当着大家的面如此不知羞耻地与她调情，通过眼角余光瞥到这一幕的诺瓦利斯，从黑色的羽毛中看到的是暴风雨来临前的乌云，预感到一场丑闻正在形成。但是没有办法，谢林身上的某些特质吸引着卡罗琳——或许是他的超然，或许是他的独创性。他们在一起时，六分钟不到就会拌起嘴来。他无疑是威廉·施莱格尔——也就是她的丈夫威廉——之后她遇到的最有趣的人。

　　正如城里人和家里人都知道的，威廉和卡罗琳对神圣的婚姻仪式不以为然。他们生活在一起时，更像是好朋友，而非承诺要永远忠于对方的人。就此而言，他们的婚姻显然只是名义上的。卡罗琳并不在乎城里的人嚼舌根。他们爱说什么说什么，反正她已经习惯了。

　　卡罗琳扮演着对一切都泰然自若的女主人的角色，任由谢林引诱她，对威廉与多罗特娅调情也是睁只眼闭只眼，而多罗特娅与威廉的弟弟弗里茨是一对。关系简直乱到不行。至少蒂克认为这完全就是一场闹剧。但没有人愿意戳破，包括蒂克自己。随着外面的世界一天天崩坏，他们需要团结在一起，至少要把他们的小圈子维护好。

◆ ◆ ◆

大革命结束了，结束在拿破仑·波拿巴的手中。通过一场机智的政变，他将自己推到了这个新生共和国的顶端，以第一执政的身份坐镇巴黎，统领着整个法国。旧制度已然成为过去。罗马教皇庇护六世也咽下了最后一口气；自 1798 年 2 月法国军队占领教皇国以来，他一直被囚禁在瓦朗斯城堡。毫无疑问，转折点已经到来。几个世纪以来为欧洲带来稳定的教皇权力走上了末路。未来从未如此不确定，似乎还未到来，就已成为过去。时间裂成了此前和此后。

统治阶级也提高了警惕，他们担心民主的热情会从学生蔓延到平民和工匠那里，继而传染到农民、仆人和零工。在巴黎，民众制定了自己的法律，摆脱阶级的束缚，走向了极端——甚至不惜走上绞刑架。

魏玛的公爵密切关注着哪位学者举办了什么讲座，有哪些课程资料在流传，哪些内容进入了公共领域——以及它们是如何进入的。魏玛正在收紧对耶拿备受推崇的思想自由的监管。只要是与革命为伍的，哪怕是最不起眼的企图，也会受到起诉。这年夏天，哲学家费希特刚刚被大学开除，罪名是宣扬“无神论”，而这只是一个幌子。费希特打一开始就是公爵的眼中钉，甚至早在公爵和歌德在美因茨（当时被法国人占领）附近讨论费希特初到耶拿的任命时，就已经是如此了。费希特被看作康德思想的继承人，但他也被认为是法国大革命的同情者。

1799 年 11 月，让萨克森 - 魏玛公国触电般震动的争议还不止这些。自由是当时的一个口号，自治也是。唯一缺少的是一个切实可行的基础。巴黎发生的事件已经充分表明，赤裸裸的暴力并不能带来想要的结果。革命吞噬了自己的孩子，然后失败了。但还有什么自由能大过思想自由和艺术自由呢？哲学和文学可以代替政治行动主义和革命的大肆宣传。通往渴望已久的政治自由的道路，需要穿过哲学思考和诗性想象的针眼，如此才能弥合自由与自然之间的鸿沟，并为一个仍然完全不确定的新时代铺平道路。新世纪即将到来，人们无路可退。当革命在巴黎已宣告结束，它在耶拿才刚刚开始。

◆ ◆ ◆

1799 年 11 月，耶拿基本成了德意志的知识和文化中心。这座萨克森 - 魏玛公国的工商业城市，坐落在石灰岩陡坡之间的山谷中，也是一个中型的大学城，不到五千的居民中，近五分之一是学生。它的中世纪建筑几乎都在老城区里。它的北面是日晒充足的山坡，城堡遗址之间生长着在秋天用来酿制美酒的葡萄；南面则是毗邻水域的宽阔陆地，学生们夏天可以在那里尽情游泳。所有人都彼此认识。洛伊特拉河沿着城墙外的花园蜿蜒流淌，这条细细的银线每周两次穿过狭窄的小街，带走生活垃圾和人们清晨时分从窗户倒到街上的夜尿，最终汇入萨勒河。

　　萨拉拿大学[*]是 1558 年在一个前多明我会修道院内成立的，为的是替代失去的维滕贝格大学：十一年前，在施马尔卡尔登战争期间，神圣罗马帝国境内信奉路德宗的王公们组成的军事联盟向查理五世的帝国军队投降，把维滕贝格留在了外国领土上。从表面上看，耶拿只是德意志的穷乡僻壤，一个鸠集着学生、教授和市侩之人的巢穴。三条东西走向的主街——北面的约翰街、中间的洛伊特拉街和南面的大学街——之间点缀着气派的建筑，其中许多是提供给教授们的，一半为学者公寓，另一半则是讲堂，不知传了多少代。然而，这些主街之间的小巷里，却散发着霉味。在邻近的魏玛，安娜·阿玛利亚公爵夫人的缪斯庭院坐落在高原上，朝四面开放，而在耶拿，所有的东西都相互碰撞。只有顶楼能照到阳光。一些尖尖的山形墙向后弯曲，而另一些则充满威胁地向前倾斜。

　　与教师们不同，学生们只许住在城墙内，这使他们的生活环境变得更加逼仄、封闭和不通风。面对油乎乎的墙壁、在床垫上安营扎寨的臭虫以及不时造访的老鼠，任何补救措施都无济于事。然而，这座城市却吸引着所

---

[*]　耶拿大学的别称，以萨勒河命名。——译注

有拥有或者渴望有朝一日拥有精神地位和社会名望的人。在 18 世纪的最后十年里，整个欧洲都认为，这里才是精神真正的居所。柏拉图的学园如今来到了萨勒河边畔。

费希特是新的批判哲学的狂热支持者，自 1794 年以来一直住在耶拿。十三年前，康德从他的家乡柯尼斯堡引发了一场哲学领域的地震。1781 年于里加出版的《纯粹理性批判》是一部划时代之作。康德旨在为哲学奠定坚实的基础。他解释说，我们对对象的了解取决于我们的理解形式和感知形式，而我们的直观形式是空间和时间。康德认为，我们对物自体一无所知；我们的知识范围是有限的。

康德对理性的批判震撼了整个思想界。从这时起，一切关于上帝存在的形而上学证明都无可救药地过时了。上帝的存在既无法证实，也无法反驳。对于形而上学的基本问题——世界、灵魂、上帝、自由和不朽——唯一可以肯定的是，不管怎么追问都不会有答案。1780 年代初，哲学家摩西·门德尔松一直在柏林关注着柯尼斯堡，他把康德称为"全能粉碎机"（Alleszermalmer）。

即便如此，这本书最初少有人问津，只能待在书店的书架上吃灰。直到十年后在耶拿*，它才得到应有的关注，被人阅读、讨论和评论，并开始征服整个欧洲大陆——与

---

* 特别是卡尔·莱昂哈德·莱因霍尔德，他从 1787 年起在耶拿当教授，从 1786 年开始撰写关于康德哲学的书信，为康德著作的接受铺平了道路。

此同时，几百公里外的巴黎，一场大革命正在展开。

新的批判性思维像冲击波一样席卷了欧洲大陆，使人们的思想深陷危机，而摆脱危机的唯一途径便是解放自己。敢于认识（Sapere aude）——"要有勇气运用你自己的理智"——是康德的格言。任何受过教育的人都不能逃避这样做。永恒真理的绿洲已不复存在，隐居在神圣庄严的大学里的纯真科学也失去了庇护所。在巴黎，是政治上的现实革命真正地改变了这座城市，而在耶拿，则是哲学上的观念革命颠覆了一切。旧的信仰体系不再适用。康德就是新时代，而费希特是新时代的弥赛亚。

自从费希特来到耶拿后，学生们从四面八方蜂拥而至：挪威人、瑞典人、瑞士人、匈牙利人、希腊人——甚至还有法国人，他们要么是为了逃离革命的国度，要么是想要继续发展革命思想，他们视费希特为宣扬政治自由的理论家。费希特坚持认为，人除了其作为理性存在者为自己制定的法则，别无他主，别无他律。

费希特凭借一篇宗教长文一夜成名。读者认为，这篇论文实际上是康德缺漏的第四批判。康德说过，哲学的领域由下面四个问题标划：我能认识什么？我应该做什么？我可以希望什么？人是什么？总而言之，实际上只有一个问题，因为前三者可以包含在最后一个问题中。通过三大批判，康德为哲学划定了范围，并就认识论、伦理学和美学等表达了自己的观点。在为哲学奠定坚实基础的道路上，他概述了人类知识的潜力和局限性，从纯粹理性的原则出发，发展出一套伦理学，解释了为什么人这种既感性又理性的生物可以拥有任何程度的自由，尽管世界只能被认为是由必然性和自然法则所支配的。然而，到那时为止，康德还没有就宗教和希望的本质等问题表明立场。

在读者看来，以匿名方式出版的《试评一切天启》似乎必然成为批判事业的结束卷。这个假定并不牵强，费希特认为自己的思想与康德的思想完全一致。他对康德的崇敬之情是如此之深，以至于妻子约翰娜诞下一子后，他毫不犹豫地给儿子取名为伊曼努尔：准确地说，是伊曼努尔·赫尔曼。是的，费希特固执地认为，小伊曼努尔和那个伟大的同名者是一个模子刻出来的。事实最终揭晓，费希特是《试评一切天启》的作者，靠着歌德在公爵面前的举荐，他被任命到耶拿执教。

◆ ◆ ◆

那年秋天，人们可以看到弗里德里希·席勒匆匆穿过街道，身着蓝色燕尾服和黄色长裤，配红色围巾和深色长裤 *，如果他没有再次卧病在床，因为痉挛的折磨而几乎

---

* 席勒的同代人形容他的外表介于独特与乏味之间。耶拿的一位家庭教师格里茨指出，席勒的穿衣风格让"他的整个体形看起来有点怪异，尤其他的膝盖会撞在一起，而双脚外翻"。

无法出门。他不得不费力地从人群中挤过的日子已经过去，他的公开露面也不再会让全城一片沸腾。

约莫八年前，他将自己逼得几近崩溃 *，至今仍未完全从中恢复，但他仍像过去那样努力工作。他刚刚完成了《华伦斯坦》，这是一部有关三十年战争的宏大戏剧。歌德到访耶拿时，他们老是待在一起。席勒会在自己的花园住宅度过夏天的几个月，经常待到 10 月甚至 11 月，而为了容纳这位已封为贵族的诗人的马车——歌德喜欢叫它"车轮上的小房子"——他专门拓宽了住宅前的车道。两人会在这里一起探讨诗歌和哲学、自然科学和政治。现在，在公爵的支持下，席勒甚至有了迁居的计划。他希望能够住在魏玛，尽可能离剧院和他的朋友近一些。

席勒早在费希特之前就来到了耶拿，带着妻子夏洛特（人称"洛洛"）和他们的孩子们。就在标志着法国大革命开端的巴士底狱暴风雨发生几周前，席勒连续两晚在耶拿发表就职演讲。可容纳四百人的格里斯巴赫礼堂，作为这座城市最大的礼堂，那两个晚上都被挤得水泄不通。

席勒同样研究过康德，尤其是出版于 1790 年的《判断力批判》。康德在这部著作中描述的诸认知能力自由而和谐的游戏，成为席勒思索审美教育的重点，他探讨了想

---

* 这发生在 1792 年美因茨选侯国总督在埃尔福特主持的新年庆祝活动中。在鲁多尔施塔特疗养期间，席勒创作了他的《三十年战争史》，这为他后来的戏剧《华伦斯坦》奠定了基础。

象力和理解力如何在美感直观中相互作用，以及概念如何围绕直觉起舞以将其涵盖在内。席勒深信，艺术可以将人从单纯的概念化思维中解放出来，并打破盲目的必然性的束缚。对席勒来说，人只有在"游戏"时，才获得真正的自由。

在耶拿，康德无处不在。康德主义已然成为一种名副其实的时尚。学生们一边摆弄着各种他们知之甚少的概念，以建立体系，一边以幼稚的方式挥舞着手中的剑，因为知道这种鲁莽的哲学建构必然会因为最轻微的批评声而倒塌。他们的智力游戏，无非是用一些思辨性的命题绕着自己打转，不可能有任何结果。最重要的是获得归属感。所有学科的学生都被哲学家们吸引。如果你能够在螺旋式上升中，和康德、费希特、席勒一起进入思想的平流层，谁还会对那些令人厌烦的课程感兴趣呢？

在过去的一年里，又有一位新教授加入了教员队伍，那就是谢林。他的批判性思维甚至比他的前辈们更加激进，其指导原则是：哲学探索还远未到达其尽头。他认为，将形而上学的基本问题排除在批判性思维之外是完全错误的。在给朋友黑格尔的一封信中，他写道，结果已经有了，但仍然缺乏前提。

谢林的名声比他本人先到达耶拿。当他与施莱格尔兄弟、卡罗琳、诺瓦利斯、费希特结伴在德累斯顿度过来耶拿就职前的最后一个夏天时，他已经顺利地成为批判哲学的新继承人。但他一到耶拿，一切就都被颠覆了。

自由的冒险

伯默夫人涉足革命

总是在星期二、星期四和星期六，每当她在耶拿的市场上闲逛，街上的许多人都会在背后说闲话，而并不在意她是谁的农妇们则站在篮子、手推车和摊位前招徕顾客，她们的叫卖声回荡在广场上：新鲜的水果！新鲜的蔬菜！据说，卡罗琳·施莱格尔是著名的自然主义者、旅行作家格奥尔格·福斯特的同伙，跟美因茨的雅各宾派有勾结，当时美因茨这座城市被法国革命军占领并立即宣布为共和国。这是一场自下而上的革命，在德意志的土地上建立了第一个共和国。

卡罗琳在美因茨度过的时光，给她留下了深深的印记。她亲身经历了从革命的热心观众变成受迫害的党羽的滋味。她能准确指出自己的生活是在什么时候偏离轨道的，这引发了一连串可怕的事件，让一切都危在旦夕。

她清楚地明白被拽入深渊的感觉，而只有朋友的援手才能将她拉出。她不停变更的姓名见证了她的命途多舛：她是多罗特娅·卡罗琳·阿尔贝蒂娜，娘家姓米夏埃利斯，当过约翰·伯默的遗孀，后来又改嫁威廉·施莱格尔。

在耶拿，卡罗琳仍被视为那个曾作为雅各宾派成员在柯尼希施泰因要塞监狱服过刑的"著名的伯默夫人"。许多人以怀疑的目光打量她，把她当作贱民，尤其是来自魏玛的卡尔·奥古斯特·伯蒂格，这位野心勃勃的时事评论员时刻紧盯着各种流言蜚语。就在不久前，她在市场上试戴一顶宽边帽时，听到两个女人在聊天。（她戴着这顶帽子很好看，谢林肯定会很高兴。）在照镜子的时候，她用眼角余光瞥到那两个女人在自己背后指指点点。在这样的小城里，闲言碎语是免不了的。

柯尼希施泰因。每当听到这个名字时，卡罗琳的脑海中就会掠过她在陶努斯要塞度过的恐怖时光，1793 年 4 月她试图从美因茨逃到她在哥达的朋友戈特夫妇家，事败后被囚禁在那里。就在美因茨东南方向距奥本海姆几公里的一个普鲁士哨站，她被拦截、搜身——士兵快速扫了一眼她的护照，就把她带到了法兰克福的总部。当局认得伯默这个姓氏。卡罗琳的小叔子格奥尔格·威廉·伯默曾与法国大革命领导人亚当·菲利普·德·屈斯蒂纳将军合作密切。可恶的民主党人——她的行李遭到没收，她被从总部直接带走。立在她面前的不是革命时期种下的自由之树，而是黑暗牢房那冰冷的内壁。

她一度对美因茨憧憬不已，认为去了那里之后，就可以改变她过度压抑的早年生活的节奏。她的父亲约翰·达维德·米夏埃利斯是历史悠久的哥廷根大学（德意志启蒙运动的大本营）的一位备受尊敬的神学家和东方学家，歌德很希望能师从于他 *。他住在该市最为富丽的一栋楼里，位于王子大街，与主教学楼和大学图书馆隔街相望。卡罗琳成长于这种学术环境中，往来于父亲尊贵的客人之间，举止得体对她来说始终至关重要。就在二十一岁生日前不久，她嫁给了大她十岁的公共卫生官员和山区医生约翰·弗朗茨·威廉·伯默，并随夫去到上哈茨山区的克劳斯塔尔。一年后，也即 1785 年，他们的女儿奥古斯特出生。友谊与忠诚的纽带维系着这对夫妻。卡罗琳暂时忘却自己的探索欲，他们遵循着明确的分工生活。

结婚四年后，她的丈夫死于传染病。这时，他们已经有了第二个孩子特蕾泽，并且第三个孩子也即将出生。卡罗琳觉得，摆在她面前的道路，只有回到哥廷根。这似乎并不明智，但是留在克劳斯塔尔又有什么意义？这里除了培训煤矿工人和钢铁工人的课程外，几乎无法提供更多的教育。

她没有太多时间细想。先是儿子威廉在出生几周后

---

* 在《诗与真》中，歌德写到了自己对求学的渴望："我全部的信念都寄托在海涅、米夏埃利斯等人身上；我最热切的愿望就是坐在他们脚边，聆听他们的教诲。"

就去世了，紧接是特蕾泽的夭折。当她的父亲也与世长辞后，她终下决心回到美因茨。走投无路的她，除了往前冲，别无选择。

她在美因茨认识一些人，包括大学图书馆馆长格奥尔格·福斯特，以及他的妻子特蕾泽·海涅，她是古典学者克里斯蒂安·戈特洛布·海涅的女儿。在哥廷根，卡罗琳和梅塔·福克尔、多罗特娅·施勒策、菲利皮内·恩格尔哈特这一群教授的女儿组成了一个团体，她们写散文和诗歌，渴望积极参与学术和文学活动。她们想方设法逃离那局促的环境，避开所有糟糕的茶会，将兴趣点转移到其他地方，比如法语、英语、意大利语、狄德罗、莎士比亚和哥尔多尼！卡罗琳清楚福斯特的共和派倾向，但她离开哥廷根时，对美因茨即将到来的危险一无所知。暴乱（Aufstand）取代了礼让（Anstand）。

她从未想过，自己争取自由的冒险会以关押和预防性监禁而告终。她曾希望，战争的来临能够让自己振作起来；她预料，战争会使她那僵化的时代重新焕发青春。卡罗琳想要告诉她的孙辈们，自己是如何历经围困的，一个虔诚的宗教徒是如何在集市广场上被割掉长鼻子的。

◆ ◆ ◆

让她感到宽慰的是，奥古斯特和她关在一起。尽管奥古斯特仍是个孩子，但卡罗琳在茫然失措时，还是可以向她倾诉。这种情况出现的频率远比她希望见到的要多。柯尼希施泰因的条件十分恶劣。一间牢房里关押着七名囚犯。最要命的是，卡罗琳怀孕了——怀的不是福斯特的孩子，尽管特蕾泽和半个世界的人都试图诬陷她与福斯特有染。事实要糟糕得多：孩子的父亲是一名年轻的法国占领军军官，弗朗索瓦·伊尼亚斯·埃瓦尔·杜瓦尔将军的侄子兼副手，后者现在已经从居斯蒂纳将军手中接过了指挥权。当她听到远处传来神圣罗马帝国大炮的轰鸣声时，她咒骂自己怎么能在征服之日庆祝自由的狂欢中表现得如此鲁莽。

卡罗琳丝毫不觉得内疚，关于她与法国人勾结的指控并不属实。假如她做过什么应该受到指责的事，她会承认的。但她绝不会将奥古斯特置于如此危险的境地。福斯特如今已经抵达巴黎，她不能指望从他那里获得任何支持。卡罗琳认为自己是一名政治人质。

监狱里的日子极其难熬。卡罗琳感觉时间完全静止了。她目睹了太多触目惊心的场面：囚犯们被活活打死，根本未经审讯，就更别提审判了。有一次，她整整三周没有离开过床。但奥古斯特就在身边。为了她，卡罗琳必须挺住。

处于绝望中的她将希望寄托在获释上，但没人愿意保释她。即便是歌德这位有影响力的枢密顾问——她曾在她父母位于哥廷根的家中欢迎他来做客，并且去年8月在美因茨又一次见过他，他们决定在那个场合不谈政治——也无法施以援手。要么她很快就会获救，要么她就得死去。绝对自由或绝对专制：这是福斯特提出的口号，正是这句话吸引着她来到美因茨。这一点并没有改变。与此同时，神圣罗马帝国的军队正不断地向这座城市倾泻炮火。

◆ ◆ ◆

自上一年起，革命战争在欧洲迅速蔓延，法国人似乎无处不在。奥地利、普鲁士和结盟的小国都动员起来，以抗击像致命的病毒一样在法国肆虐的"自由流感"（Freiheitsinfluenza）*。革命已经波及美因茨。对于德意志统治者来说，如果今天不进行干预，到明天可能就为时已晚。

神圣罗马帝国的当权者嗅到了他们面临的危险，对发生在美因茨的政治事件的反应近乎歇斯底里。当选帝侯弗里德里希·卡尔·约瑟夫·冯·埃塔尔被迫逃离自己的城市时，他匆忙地挖去了马车门上的盾徽——统治者得到了上帝的恩典，却被人民的怒火驱赶出了宫廷。他先前的私人医生格奥尔格·韦德金德尽管感到抱歉，但还是认为

---

* 格奥尔格·克里斯托夫·利希滕贝格在1790年9月30日写给格奥尔格·福斯特的信中创造了这个词。

保命更重要，于是也倒向了革命党人。

1793 年 5 月底，萨克森 - 魏玛公爵卡尔·奥古斯特和他的大臣歌德加入了盟军。现在，普鲁士和奥地利军队，以及由普鲁士将军弗里德里希·阿道夫·冯·卡尔克罗伊特统领的萨克森、黑森和巴伐利亚部队包围了这座城市。法国军队的战略位置十分有利。

就像在前一年秋天的战役中一样，歌德随同公爵一道出征。* 在那次战役中，神圣罗马帝国的军队不得不认输，而这次不能让这种情况再度发生。在对共和国发动决定性的攻势之前，歌德一直在潜心研究色彩理论，为了这场战役，他不得不中断这项工作。大自然是有耐心的，而历史则不然。没人知道未来会发生什么，何种事会降临到哪个人头上。历史的发展可以是突飞猛进的，但对自然的观察告诉我们，尽管自然在不断地变化，尽管没有两种形态是相同的，但它不会聚变。歌德的作品将历史的多变性与自然的稳健性进行了对比——在一个似乎到处都在瓦解的时代，这是一种自我肯定的行为。

一有机会，公爵就会给他行方便。一项有益的分心。同其他许多观察者一样，卡尔·奥古斯特最初也对发生

---

* 在 1822 年的《进军法兰西》中，歌德梳理了他随公爵第一次作战的经历，其中包含了歌德在瓦尔米战役结束当晚所说的一句名言："从此时此地起，世界历史的一个新纪元开始了，你可以说你见证了它。"一天后，即 1792 年 9 月 21 日，法兰西共和国在巴黎宣布成立。

理查德·厄勒姆,《1792年国王酒窖的劫掠》,
根据约翰·约瑟夫·佐法尼的画作用网线铜版雕刻而成,1795年(局部)

在巴黎的革命事件表示欢迎，并希望自己能成为一名"见证者"，但他担心革命的邪灵随时会进入德意志，摧毁整个地区。美因茨与魏玛相距不远。如果不是奥地利、普鲁士和俄国坚决抵抗历史的潮流，德意志的一些地区可能已经爆发了动乱。感谢上帝，大国们不知疲倦地为无政府状态喷洒解毒剂，但病象却只是越来越严重。

为确保和平不受任何扰乱，萨克森-魏玛公国也再次收紧缰绳。就在一年前，也即1792年，法学家戈特利布·海因里希·胡费兰本想就最近在巴黎的国民议会批准的法国宪法发表演讲，被魏玛的政府参事克里斯蒂安·戈特洛布·福格特出面干预。由于不想让政府不高兴，胡费兰同意放弃演讲。但卡尔·奥古斯特知道，并非所有耶拿和魏玛的学者都这么好说话。他只信任自己最亲密的朋友。

在这个动荡不定的时期，歌德又一次比他的公爵领先一步。卡尔·利奥波德·莱因霍尔德是一位坚定的康德主义者，也是耶拿批判哲学教席的第一位任职者，在为他物色继任者时，歌德已经试探过费希特，众所周知，费希特是一位不折不扣的民主主义者，且以同情革命著称。

纯粹从专业的原因考虑，将费希特任命为耶拿的新知识先锋是合情合理的。他将成为这所大学无与伦比的财富，像磁铁一样吸引来自欧洲各地的学生。最近，他发表了一篇题为《从欧洲的王公手中夺回他们迄今一直压制的思想自由》的文章，在魏玛和其他地方引起了不小的轰动。

负责把歌德带到魏玛的诗人兼作家克里斯托夫·马丁·维兰德对费希特赞不绝口。但《文学汇报》上的一篇匿名评论认为，费希特是一个"相当可恶的家伙"。在当时，很难想象还有谁比费希特更为明确地宣扬法国大革命的思想。歌德居然想把这个"德意志雅各宾派"带到耶拿？真是匪夷所思。

随着夏天降临俯瞰着莱茵河的群山，在美因茨城外的野战营地中，关于此类问题的讨论不绝于耳。盟军在被扯断的葡萄藤间，在被踩踏、被刈割过的田野上扎营——农民们奉命用镰刀割掉麦子，以防法国士兵借谷穗为掩护进行偷袭——等待着有关伤亡的坏消息，这些最新的消息每天甚至每小时都在源源不断地传来，让人丝毫看不到好转的希望。白天酷热难挨且尘土飞扬，夜晚才有赐福般短暂的喘息。一种愈发强烈的不安感在军队中蔓延，时间缓慢流逝得仿佛在不存在的时间里兜转。即使闭上眼睛，也无法想象蝴蝶在散发出蜜香的花朵上翩翩飞舞的画面。[*]

轰炸于1793年6月18日开始，随后枪声不分昼夜。教堂、塔楼甚至整条街道都被烧毁。7月23日，美因茨共和国成立整整四个月后，奥地利、普鲁士及其盟国终于

---

[*] 其中一名普鲁士士兵是准下士海因里希·克莱斯特，当时他才15岁。在1801年7月28日写给阿道夫·冯·韦德克的信中，他回顾了自己的军旅生涯："那么多鼓舞人心的印象，让我的心都融化了，我的精神就像一只蝴蝶，在散发着蜜香的花朵上翩翩起舞。"

夺回这座城市。福斯特担心德意志人*——这些粗俗、贫穷、无知的人——没有能力进行任何革命，这一点最终得到证实。当歌德和公爵骑马穿过被炸毁的街道，屋顶上飘起薄薄的烟雾。

◆ ◆ ◆

卡罗琳的获释之路堪称曲折。最后，她被转移到克龙贝格，这个小镇离柯尼希施泰因一小时车程、距法兰克福两小时。在那里，她可以随时出门呼吸新鲜空气，尽管仍是以一名囚犯的身份。她最小的弟弟菲利普·米夏埃利斯有一位密友可以接触到普鲁士国王，在这位朋友的帮助下，她才重获自由。

名声扫地、身体虚弱的卡罗琳决定将自己托付给威廉·施莱格尔，后者了解她的困境。还在哥廷根读书时，威廉就曾试图追求这位名门之女。当他对她的爱慕之情最为炽烈之时，她拒绝、忽视并深深地伤害了他。现在，他要把握住第二次机会。

威廉从荷兰直奔法兰克福。卡罗琳拿回了被捕时遭没收的行李，但她的钱还是被扣留了。她一无所有地站在

---

* 福斯特在 1792 年 12 月 21 日给克里斯蒂安·弗里德里希·福斯的信中表达了这种担心。

他面前，威廉把自己的姓氏给了这个被放逐的落魄女人。在萨克森的小镇卢卡*，她忍着难以忍受的痛苦产下儿子，却把他留在养父母身边。威廉·尤利乌斯只活到一岁半。

1796 年夏天成婚后不久，受到席勒的明确邀请，卡罗琳和威廉迁往耶拿。席勒想与威廉做朋友，同时也想请他为自己的文学杂志《时序女神》撰稿。生活似乎再次以一种平静而稳定的方式进行着。起初，两人住在集市广场边一位叫拜尔的商人的房子里。后来他们在城外租了一间带花园的小舍。虽然威廉答应卡罗琳装白色的窗帘，窗前实则挂着灰色的破布，房子狭小又昏暗，不过暂时还能将就。不久前，威廉翻译了《罗密欧与朱丽叶》中那段优美的文字："砖石休想把爱情挡住在边界外，爱情敢于想望的，爱情就敢于闯。"一个阳台足以成为一个王国！

这一年的秋天，他们搬到堪称耶拿黄金地段之一的洛伊特拉街。房子属于德德莱因府邸†的后院，房东是施瓦本神学家和哲学家弗里德里希·尼塔默。自 1797 年以来，他一直住在这里。他的妻子罗辛·埃莱奥诺雷·德德莱茵

---

* 为了给卡罗琳在卢卡安排住处，威廉联系了莱比锡的出版商格奥尔格·约阿希姆·戈申。因为威廉很快就要回阿姆斯特丹了，所以弗里茨在卡罗琳怀孕期间多次去看她。

† 长久以来，费希特的房子——现在是一个专门展示早期浪漫主义文学的博物馆——都被误认为施莱格尔夫妇的家。若想了解更多关于该房子的实际位置的信息，参见 Peer Kösling, *Die Familie der herrlich Verbannten. Die Frühromantiker in Jena. Anstöße–Wohnungen– Geselligkeit* (Jena: Jenzig-Verlag Gabriele Köhler, 2010)。

是约翰·克里斯托夫·德德莱因的遗孀，后者是一名教会
公会议成员，1792 年死于耶拿。一道圆形拱门将前面的
建筑与后院隔开，以防受到学生们的骚扰，他们已经养成
习惯，只要有任何动荡的迹象，就会手痒着想去砸碎教授
的窗户——甚至在法国大革命之前，耶拿就已经发生过很
多动乱。让施莱格尔夫妇搬过来同住，尼塔默算是帮了他
们一个大忙。

按照教授住宅的惯例，这栋楼配有图书室和讲堂，
最多可容纳一百名学生。威廉希望有一天自己能在那里开
设美学和古典文学史的讲座，这是他的专业领域。初步的
安排已经在进行中。届时，他只需穿过内院，沿着旋转楼
梯而上，便可到达目的地。

在威廉面前，卡罗琳第一次感到自己被理解和欣赏。
她也愈发喜欢他们现在居住的这个宁静的山谷。那么，就
在耶拿定居吧。至于街上流传的那些有关她生活境遇的闲
言碎语，就随它们去。如果丈夫的弟弟弗里茨和弗里茨的
情人多罗特娅明年搬来同住，他们的集体生活将变得更加
有吸引力和活力。

她似乎正在渐渐忘掉自己在柯尼希施泰因度过的艰
难时光，但她无法忘却如野火般蔓延的法国大革命向她展
示的丑陋一面。这场革命只不过是一场失败的乌托邦——
直到谢林来到耶拿。

致以最美好的问候，您的外部世界

费希特、谢林与自我

他站在讲台上时，神态威严：头微微向后仰，宽阔的颧骨，高高的前额，双手优雅地摆放在讲台上。就像近十年前的席勒，谢林也准备在格里斯巴赫礼堂发表演讲。

1798 年 10 月 18 日，谢林在耶拿发表的首度演讲，是他这辈子第一次演讲。礼堂里挤满了学生，他们都听得十分专注。据说谢林是个天才，但也顽固而傲慢。

在课程指南中，谢林宣布他将举办两个系列讲座：题为"自然哲学的概念和本质"的公开讲座，以及题为"依据我的大纲的自然哲学体系"的私人讲座。

谢林将自然描述为一种不断生成、不断更新、永不停息的力量。在他看来，正如其他一切事物都完全可以通过精神的观念来把握，自然本身原本就是与精神一体的。只需上升到理性的高度，就可把世界理解为一个整体，并在看待每一单独的事物时，着眼于它与其他一切事物的内在统一性，而使其变得透明。他将此称为"理智直观"，这与康德的观点一致，但又与之相对。这种知识是一举便可实现的，不必论及费希特按照严格的演绎法从"自我"中推导出的"非我"。谢林无法理解一种没有声音、形状和颜色的现实。所有这些思考都针对费希特，对后者来说，自然是死的，只是通往知识道路上的一个对象，而不是事物本身。

谢林宣扬的是古老的"大全一体"（hen kai pan），即赫拉克利特的学说，认为万物源于一，归于一。该学说自始至终主导着整个演讲。现在是时候摒弃种种令人厌倦的二元对立了——概念与直觉，理智形式与时空中的物体——这些二元论要远远早于批判哲学，基本上可以一直追溯到近代哲学的奠基人笛卡尔那里。只有穿透所有离散的片段，聚焦于超越一切的无限高的统一体，这个时代的知识革新才能取得成功。

要想完成康德未竟的革命，要想克服由巴黎革命愈发明显的失败引发的社会对立，唯一的出路就是建立一种不分内在与外在、主体与客体，在现实的所有形式中都展示出单一绝对性的哲学。在谢林的思想中，自然是精神认识自己和找到自己的媒介。在人类的精神中，自然打开了我们的双眼，为我们提供了它存在的知识。自然只是精神的另一个侧面，而不是邪恶的继母。

◆　◆　◆

　　他们围坐在酒馆的大圆桌旁，举起手中的啤酒杯，杯盖发出咔嗒咔嗒的声响，浓浓的烟雾从长长的烟斗中升起，一个想法正在成形。此刻，兄弟会的成员正约在他们最喜欢的聚会地点。*

　　这已经不是学生们第一次尝试这种想法了。对于他们来说，发泄不满的渠道并不多。在与巧克力派（Schokoladisten）发生激烈争论后，他们已经搬离城市，以抗议公爵将军队调往耶拿。所谓巧克力派，指的是那些认为所有争端都可以用一杯热巧克力来解决的学生；他们没有荣誉感，宁可挥笔不愿动剑，有任何非法决斗都会向当局报告。公爵军队的出现足以激励他们捍卫学术自由。如果公爵没有松口，命令军队撤出埃尔福特，这些学生本会一路冲到那里，但他们确实远至魏玛附近的诺赫拉。学术自由万岁†！

　　夜已深沉，行动的时机来到。喝完最后一轮酒后，

---

*　在18世纪，学生兄弟会是按照共济会的模式建立的，受到当局的谴责。所有四个主要的派别——友善派（Amicisten）、忠诚派（Constantisten）、团结派（Unitisten）、和谐派（Harmonisten）——都在耶拿。费希特在莱比锡读书时也曾是和谐派的一员，尽管他后来极力与兄弟会划清界限。

†　由于违反禁令举行决斗的行为被巧克力派举报，五名忠诚派成员于1792年被大学开除。骚乱爆发后，公爵军队于1792年7月14日开进耶拿。7月19日，学生们离城以示抗议。学校做出让步，军队也撤退了。

最后一批客人走出坦内酒馆，还有一些人从邻近的格莱茨豪斯酒馆跟跟跄跄地走出来，那里是马车夫和商人缴纳过桥费的地方。他们去到萨勒河的另一边。桥中央有一个石十字架，标志着耶拿和卡姆斯多夫的分界线。桥下的河水无精打采地流淌着。关于这座桥有很多传说。本世纪初，据说有一匹脱缰的马纵身越过栏杆，驮着骑手一起坠入死亡，到了月圆之夜可以从河水的潺潺声中听到马蹄声。

　　前面是城墙，后面是群山。远眺延齐希山，山顶在夜晚的这个时分几乎与月亮相吻。穿过城门，越过护城河。就是那里了，教授的房子就在红塔*旁边。他想取缔兄弟会，禁止强制性的决斗。可他们会乖乖解散吗？不，这对于他们来说是不可想象的。他是另一位"巧克力派"。

　　这不过是一种吓唬人的策略。在屋子周围溜达，影子投在墙上忽长忽短。呼气，吸气。向后摆臂——等等，窗户里有亮光！它刚刚亮了。快，快到墙边去。石头——来自萨勒河畔的石头，被马蹄磨得光滑又厚重。喃喃自语。灯灭了。再次：呼气，吸气，然后向后摆臂。

　　一声巨响，窗户碎裂。他们在屋里的人还没来得及反应时就跑开了，尽管看他狂怒的样子会很享受。确实，"绝对的自我"意识到"非我"可以如此活泼时，肯定会暴跳如雷。残酷的现实是，"非我"可以打碎窗户，可以

---

*　需到 1870 年，塔身的天然石材饰以外露的红砖，红塔才真正变成红色的。

不听话，可以无情；它不仅仅是"自我"扔向墙壁然后在
反思中接住的球*。致以最美好的问候，您的外部世界。

◆ ◆ ◆

1798 年仲夏，谢林在莱比锡担任家庭教师时，收到
一封来自耶拿的信，信上有枢密顾问歌德的亲笔签名。谢
林读一下，停一下，接着读到这么一句："您在此收到的
是尊贵的殿下代表您发给耶拿大学的最值得庆贺的法令
的副本。"期待已久的召唤终于到来！谢林手里拿着盖有
公爵印章的任命书。他无需寻求任何帮助。他曾在图宾
根求学，但在那儿不受待见，而他也难以忍受那里的无聊，
正如难以忍受所有的骚乱，以及正统派对伟大的康德革命
的反应。早在 1795 年，他就跟他的朋友兼同学黑格尔和
荷尔德林一道离开了图宾根。

耶拿的情况则不一样：公爵热爱科学，因此很早便
把歌德请到宫廷，作为他可以与之分享这种热情的大臣。
而歌德也以这样或那样的方式，参与了一切重要的大学任

---

*　1794 年 10 月 28 日，席勒在给歌德的信中写道："根据费希特的口述
（……），'自我'也是通过其概念进行创造的，而所有的现实都只存在
于'自我'之中。对他来说，世界只是'自我'抛出的，然后在反思
中又接住的一个球！！正如我们不久前预料的，他实际上是用这些术
语来宣告他的神性。"

命决定，这次也不例外。

歌德在那年的早些时候读过谢林的《论世界灵魂》，留下了深刻的印象。"世界灵魂"（Weltseele）听起来就像一个人们长久以来寻求的神奇处方，可以涵盖整个自然、历史乃至宇宙，从而也许可以弥合分裂时代的巨大鸿沟。

歌德试图与谢林建立联系的目的很明确，那就是了解哲学还能给人怎样的期待，而他常常与哲学发生争执，认为其过于思辨、过于抽象。他对同时代的大部分哲学文献都深感厌恶，因此，在他看来，像谢林这样的自然哲学家来得正是时候。毕竟，歌德对自然科学，特别是他的色彩理论*倾注了极大的心力，有时甚至比写作还要投入。歌德认为，自然本来就是精神，正如精神本来就是自然——没有对立，至少二者的对立并非无法在更高的整体中消除。歌德发现的颌间骨充分地证明了这一点†，在此之前，颌间骨一直被认为是区分人与动物的特征。拥有智力的人类与动物别无二致，都是从自然王国中发展而来的。古代亚里士多德关于"自然阶梯"（scala naturae），即世

---

* 1829 年 2 月 19 日，爱克曼记下了歌德的一句话："我为自己是本世纪唯一懂得色彩理论这门艰深科学的人而自豪，因此我有一种比许多人都优越的意识。"

† 歌德声称自己是 1784 年 3 月 27 日和约翰·克里斯蒂安·洛德一起在耶拿大学解剖楼的塔楼上发现颌间骨的。他在当日给赫尔德的信中写道："我发现了不是金也不是银，却给我带来了难以言表的快乐。……它就像人类的拱顶石。"

界的渐进结构的思想是正确的，只要我们考虑到形式是可以变化的，不必遵守严格的、预先确定的等级制。这是一条从无机到有机、从最小到最大的"存在巨链"。万物一体。

在阅读谢林的论文时，这位枢密顾问感到一种心有灵犀的震撼。同时代人喜欢称他为诗人中的思想家，而现在，他似乎正和自己的镜像——思想家中的诗人——面对面站在一起。他一直在等待这样一个人的到来。

圣灵降临节那天，歌德终于安排了一场与谢林、席勒的三方会面，地点是席勒的花园住宅。他们一起坐在户外凉棚下的大石桌旁，直到太阳落山。谢林知道如何给人留下深刻印象；他通过了考验，最后的顾虑打消了。费希特也表示支持，并希望那年夏天能在德累斯顿见到谢林。歌德、席勒和费希特想尽一切办法让谢林进入耶拿。谢林不可能希望得到比这更好的支持，尤其考虑到他还未取得在大学授课的资格——按照耶拿大学高度重视的标准学术规范，他是无法成为候选人的。校方甚至连专家的推荐信都没有收到。

1798 年 7 月 5 日，谢林获得任命。他将从无薪讲师做起，每学期会开设两个系列讲座，一个是私人的，一个是公开的。公开的必须免费，但私人的，谢林有权收费。他还可以通过每周向学生分发的讲义获取额外收入。剩下唯一要做的，就是向父母解释他短期内不会回到家乡施瓦本，这无疑会让他们感到失望。但这也没办法，任何一位有机会在耶拿担任编外讲师的人，用他的话说，回乡后只能"在哲学的墙上撒尿"。

　　在收到聘书的当天，谢林就辞去了里德泽尔家的家庭教师一职。他那两个学生将不得不在没有他的情况下过活。德累斯顿在召唤他——歌德在之前的会面中曾告诉谢林，自己对新市场（Neumarkt）的古董收藏和画廊的评价很高。在歌德看来，概念必须源于直觉，而不是相反；在谈论艺术时，需要的是具体。

　　作为对即将在耶拿开始的生活的准备，谢林在德累斯顿整整待了一个半月。弗里茨和威廉、诺瓦利斯和费希特都迫不及待地想去拜访他。

◆　◆　◆

　　从修辞的角度看，谢林的第一场讲座是一场灾难。也许他需要讲得更慢一些，或者准备得更充分一些。到目前为止，一切都显得过于紧张。在准备讲稿的过程中，他时常发现自己的思维一不留神，便转到了卡罗琳和她的机智上。就在最近，在魏玛的宫廷剧院重新开业时，他们又一次出人意料地走到一起。当时台上正在上演的是席勒的《华伦斯坦的阵营》。他的脑海中浮现出崭新的大厅、首场演出后的庆祝活动，以及在没有威廉的情况下和卡罗琳一起回家的画面。

谢林试图用一种高昂的语调讲话。他一心想要突破想象的界限，很少考虑听者的感受，至少对于那些无意跟上他的思路的人，他是不屑一顾的。他的语速很快，太快了，一股脑儿地讲，基本上是在独白，几乎没有给那些在他嘴边翻腾的思想留下任何展开和成形的时间。

费希特在讲台上堪称一位真正的大师，他会按照启蒙的优良传统，给学生带来智性上的挑战，刺激他们独立思考，尽管这经常会让学生过度疲惫。作为演讲领域的老手，他会不断寻求与听众的直接接触。相比之下，新手谢林缺乏必要的修辞技巧，更重要的是，他在面对听众时缺乏开放的态度。费希特不是一位能言善辩之人，但他的话语清晰而有分量。"想想那堵墙，"费希特对他的听众们喊道，"你们想到那堵墙了吗？现在，先生们，想想那个想到墙的人"*——这样一来，听众完全摸不着头脑，因为把自己作为反思对象的行为本身当然只能反过来又引发反思的行为，如此循环往复，无穷无尽。一个人的"自我"是无法成为认知的对象的；它不能被对象化，只能在对某种永远先于经验的东西的理智直观中找到："自我"其实就是先验主体。这已经向先验唯心主义迈出了第一步。

---

* 这段趣事借由亨里克·斯特芬斯流传下来，1798 年冬季学期他除了听谢林的课，还听了费希特的课。(*Was ich erlebte. Aus der Erinnerung niedergeschrieben*, 4 Bd., Breslau 1840, S. 80)

谢林的讲课丝毫没有这种冲劲，显得阴郁而隐晦。毫无疑问，他有重要的东西要说。但以他的语速，台下的人连做笔记都很困难。尽管如此，听众还是不想错过他讲的每一句话。

尤其是一位名叫亨里克·斯特芬斯的挪威人，也是编外讲师，年纪比谢林大不了多少。他对自然哲学的理念是如此着迷，为了听谢林的讲座，不惜专程从基尔赶来，并在当晚正式拜访了谢林——因此谢林在第一堂课上就收获了自己的第一名弟子。

几个小时后，很显然，不仅斯特芬斯，就连学生们也把谢林当作了偶像。他们可能只听懂了他讲的一小部分内容，但正是这一点吸引了他们，它使他看起来无与伦比。本应连成一体的事物却又永远处于脱逸之中，这是一个神奇的圆圈，万物从中而出，又回归其中。任外面的世界沦为废墟，任拿破仑凯旋或失利，欧洲在他面前下跪或联合起来反对他——在谢林的绝对哲学面前，一切都开始发光，变得愈发明亮，直到什么都看不见，一切都变成了最清晰的光。

很快，每当下午的晚些时候，城市宫附近就会出现熙熙攘攘的人群，格里斯巴赫礼堂前也会挤满人，其原因再明显不过。耶拿人都知道，到了谢林讲授自然哲学的时间了。

伟大的剧院

排练时间

这次演出是一个壮举。歌德本人也出手襄助。他从早到晚都在现场。他感受到了首演前的兴奋情绪不断高涨。这将标志着戏剧界的一个全新时代的开始。

歌德认为这是一个好时机。改建魏玛宫廷剧院的想法已经讨论了很长时间，但一直缺乏关键的动力来推进。当斯图加特建筑师尼古拉斯·弗里德里希·图雷特来到魏玛，重建萨克森-魏玛公爵的住所城市宫*时，机会终于到来。建筑大师的出现激起了人的建造欲。

自 1791 年公爵宫廷演员协会成立以来，原来的喜剧院显然已经无法满足专业剧团的需要。新剧院需要一个新

---

* 1774 年 5 月 6 日的大火烧毁了城市宫的大部分，这也是为什么卡尔·奥古斯特考虑建造一座新的建筑（尽管他最终决定放弃）。图雷特负责内部重建工作。

的大厅，一个能为所有观众提供良好的舞台视野和音响效果的空间，这在技术和美学上都是一项挑战。

图雷特在这两方面都完成得很出色。在很短的时间内，柱子、长廊、阳台和帷幕便已做好，并对各种物品进行了装饰、上漆和镀金。翻新工程始于 1798 年 7 月，前后仅用了短短三个月。到 8 月中旬，剧院的内部框架已经搭好。整个设计看起来有点希腊风。漆成花岗岩质地的柱子将正厅前排的位置围成一个半圆形，第一层由十八根多立克式云母大理岩（有时也被称为洋葱石）凹槽圆柱环绕，上面是一排排座位构成的上升的半圆形。最终，为了容纳所有计划中的楼层，地板的高度被降低，务必使得空间看起来不那么拥挤。到 9 月下旬，翻新工程竣工。图雷特信守了他对客户的承诺。重新设计后的剧院显得庄严却不压抑，富丽却不繁缛。每周将举办三场演出，分别在周一、周三和周六。但为重新开业破例了一次：首演定在了周五。

歌德还有其他事情要忙。他对新剧的序诗进行了调整，改动虽不大，但毕竟也是改动。他只希望席勒不要介意。

◆ ◆ ◆

新的大厅让公众耳目一新，不再像昔日的宫廷包厢剧院，只是服务于作为爱好者的赞助人。图雷特的设计线

条简洁明快，没有过多装饰性的元素。只有公爵的包厢
布置很独特，其他地方的陈设都很简单。整个空间给人
的感觉非常沉稳，就连最微小的细节都经过了深思熟虑。
无需增减任何一处——这正是古典主义的定义。

　　所有有身份的人都来参加重新开幕的典礼了。就连
魏玛著名的《奢侈品与时尚杂志》也派出卡尔·奥古斯
特·伯蒂格来报道此事。伯蒂格是个十足的好事之徒；席
勒称他为"无处不在大师"（Magister Ubique）*，谢林甚至
称他为"绿头苍蝇"，飞到每个跟文学和戏剧有关的团体
上。自从认识到伯蒂格拥有准确地还原谈话内容并将其用
文学形式表现出来的天赋后，大家都开始对他保持警惕。
有传言说，他正在撰写一本关于魏玛圈子的书。他就像
一只不折不扣的魏玛猎狗一样四处嗅探信息，其人际关
系网一直延伸至魏玛的法国移民圈。1791 年，在约翰·戈
特弗里德·赫尔德的推荐下，他被任命为文理中学校长兼
新教监理会中负责教育事务的首席委员。

　　在魏玛，就声望而言，宫廷剧院的舞台可同圣彼得

---

* 这也是路德维希·蒂克的童话小说《稻草人》（1835）中一个喜剧人物
　的名字。它首次出现在一段话中，可以解读为对 1800 年前后耶拿和魏
　玛状况的公然影射："一切都乱了套（……），无处不在大师趾高气昂，
　小见习生乌尔夫比平日更爱卖弄自己的诗歌，年轻的辩护律师亚历山
　大从那以后就不再和我们来往了，而我父亲则表现出对诗歌和文学的
　兴趣（……）。我们圈子里的人都在谈论同情和厌恶，用人类的耳朵从
　未听过的词句谈论进步、流电和同步，简直让人头晕目眩。"

与圣保罗教堂的讲坛（赫尔德以教会总监身份在此布道）
相比。这个舞台也是一个致力于道德的机构；不同的是，
这里并不宣扬道德，而是对其进行批判性的审视。如果说赫
尔德站在布道坛上，不得不等待最后一声咳嗽声消失，那么
在宫廷剧院，无需催促观众安静下来。从一开始就鸦雀无声。

　　魏玛的戏迷以品位高著称；他们既不屈从于时尚潮
流，也不会焦虑地固守传统。因此，这里是冒险和接受考
验的理想之地。这也使得歌德更加坚信，随着席勒的到来，
魏玛终于迎来了与之相称的剧作家。

　　收到歌德的邀请后，谢林、卡罗琳和威廉从耶拿专
程赶来。那年夏天，威廉也被任命为耶拿大学的兼职教
授，虽然任命尚未公开。威廉的雄心壮志被点燃，他想
象自己很快就能与费希特、谢林并肩登上哲学的最高峰，
将美学和物理学转化为"歌"（正如他的弟弟弗里茨设想
的）。但这个新的星丛有一点困扰着他：谢林经常到他们
家做客，让威廉感觉有点过于频繁。在德累斯顿的时候，
他们三人曾想过让谢林搬去与威廉、卡罗琳同住，那里肯
定有足够的空间。现在他们甚至不知道谁应该坐在桌子的
哪个位置，所以卡罗琳被夹在两个男人中间。

　　在期待已久的高潮到来之前，奥古斯特·冯·科策
比的戏剧《科西嘉人》拉开了当晚演出的序幕。科策比从
歌德那里得知自己的剧本将在开幕式，而且是在自己的家
乡上演时，一种自豪感油然而生！他想象自己头戴桂冠花

环的画面。但没有人是来看他的戏的；今晚的节目单有着完全不同的安排。暖场演出总算结束，观众不耐烦地环顾四周，恨不得用好奇心撕开帷幕。

接着就是"诗歌"真正升上天空的时候，图雷特把这个寓言式的人物画在了剧院的幕布上。帷幕刚一拉开，魏玛宫廷演员约翰·海因里希·福斯就用铿锵有力的声音朗诵起序诗，他饰演的是年轻版的主人公皮柯洛米尼。序曲的第一小节继之响起，随着最后的号角声渐渐远去，皮尔森城外营地的士兵们开始欢呼，帝国的旗帜和横幅在营地上方肆意飘扬，随军小商贩在一座宽敞的帐篷、一些杂货摊和旧货摊前忙活着，克罗地亚人和嘉布遣会修士则围着一口架在火上的锅。演出开始后，在所有受邀的客人中相邻而坐的谢林和卡罗琳，发现他们的思绪飘向了完全不同的方向。

大幕落下时，甚至在合唱队唱完之前，空气中出现了短暂的寂静。在顿了一下之后，观众席上爆发出雷鸣般的掌声。席勒前一天才赶到魏玛看最后的彩排，此时正斜靠在阳台栏杆上。歌德也收获了热烈的掌声。所有人都认为整场演出十分精彩。一切都汇聚成了一个整体。

演出结束后，一小群人聚在休息厅里，酒杯碰撞声此起彼伏。人马是现成的，实在应趁热打铁。《华伦斯坦》的第二部《皮柯洛米尼父子》定于 12 月开始彩排。席勒的这个三部曲讲述了一位波希米亚名将的命运，其中涉及顺从与自决、皇权与抵抗、外在约束与内在自由之间的冲突。聚在休息厅里的听众不禁在脑海中重温他们对"三十年战争"时期的回忆，大声讲出自己家族的历史故事。看到自己的现在以幽灵的方式反映在过去中，他们意识到"旧有的稳固形式"，即来之不易的《威斯特伐利亚和约》，已随着当前发生在巴黎和罗马的政治事件日益分崩离析，基本上名存实亡。欧洲还能重获和平吗？人们愿意为此付出多大的代价？诗人的想象力让历史说话，既召唤出黑暗的时代，但又眺望更有希望的未来。过去的痕迹依然在那里。未来仍是开放的，尚未被书写。

费希特是唯一在演出后举止有失体面的人。他不停地劝别人喝香槟，一次又一次地给他们加酒。卡罗琳比任何人都更能感受到这种失态带来的影响，他给她的酒杯添了四次酒。谢林不得不把她从费希特的怀抱中解救出来。费希特并非外向之人，但他正在失去自律——正如批判哲学在试图调整现实以符合其范畴时会变得忘乎所以一样。当费希特环顾四周时，他只看到自己。

当晚的主角，也就是席勒，在离开剧院时显得很紧张。他不想让别人知道自己在想什么。尽管这次演出很成功，但歌德对他的序诗做了相当大的修改[*]，他觉得自己遭到了

---

* 关于这个问题，参见 Norbert Oellers, "Goethes Anteil an Schillers *Wallenstein*," in *Goethe-Jahrbuch* 2005 (Göttingen, 2006), 107–116。

彼得·斯奈尔斯,《白山战役》,1620 年（局部）

背叛。除了删掉十二行，歌德还增加了两行，并做了一些别的改动，不能简单地视为出于对观众和舞台的考虑，而歌德事先在信中以及在前一天的彩排中是这样跟他说的。须知席勒反复打磨他的序诗，直到上周才将定稿寄到魏玛。

对席勒来说，序诗就其根本而言，是整部历史剧的关键。他想问的是，在一个分崩离析的时代，人们该如何定位当下？可歌德却将序诗中最激进的表述删掉了。在席勒的版本中，"新纪元"在这个舞台上"从今天开始"，而在歌德的版本中，这个纪元的"出现"，是更高的力量送来的，是上天的恩赐。在剧作出版时，席勒将改回自己的原稿，无意让歌德来决定。书面版本才算数。当席勒穿过剧院前的广场时，一种似曾相识的感觉攫住了他：他们总是这样，不得不求同存异。

威廉在某个时刻向卡罗琳道别。他打算留在魏玛，第二天与歌德谈谈《雅典娜神殿》的事，这是他与弗里茨新创办的文学刊物。谢林将和卡罗琳一起乘坐马车，连夜返回耶拿。自打那年夏天在德累斯顿的画廊，两人一同站在拉斐尔的《西斯廷圣母》前——那意味深长的一瞥，那不经意间的触碰——卡罗琳发觉自己被这个男人深深地吸引了，就像她私下对弗里茨说的，她认为他是"真正的花岗岩"。和他在一起，她感觉自己可以冲破那堵曾将她困在美因茨的墙。

德累斯顿为了艺术效果的停顿

在圣母的臂弯中

　　回到柏林还不到一个月，弗里茨就收到了一个从耶拿寄来的厚信封。拆开一看，里面是威廉和卡罗琳在德累斯顿逗留期间就已经开始的《绘画对谈》：对艺术的描述和对话，赋予他们松散的交谈以文学的形式。

　　对谈让人一拿起来就放不下，他连续两晚都在研读。巧妙交织起来的文字，在内部和外部之间不断来回切换，既塑造了看到的东西，又从根本上使其显现出来。没有什么能阻挡他们出版《雅典娜神殿》的计划。这份刊物汇集了随笔、书信、对话、狂想和箴言片段。弗里茨主要负责哲学部分，威廉负责翻译和批评部分。它是对旧时代的宣战书：绝不能出于对他人的考虑而对"真理"半遮半掩。空洞的一致是不可接受的。多样的甚至相互冲突的观点和视角将不只是受到包容；事实上，弗里茨和威廉明确将挑起争端宣布为他们的编辑原则。从没有人如此致力于思想自由和言论自由。歌德没有，席勒也没有。巴黎的政治革命可能已经失败，但在这里，另一场革命——美学革命——即将来临。

第一期《雅典娜神殿》已于春天出版，下一期也很快会面世。对于像《绘画对谈》这样的作品来说，这份杂志是理想的发表阵地。当弗里茨重读文章时，他仿佛立刻又回到了大家一起兴致勃勃地漫步画廊的日子。

◆　◆　◆

弗里茨和威廉曾多少次在梦中流连于德累斯顿的收藏馆。著名的艺术史学家约翰·约阿希姆·温克尔曼曾说过，任何人要想寻找艺术的起源，就必须前往德累斯顿。在易北河附近的珍宝馆、新近整修过的日本宫、内城新市场的绘画收藏馆以及选帝侯宫对面改造过的公爵马厩中，这些数百年来的艺术珍品被公开展示以供研究。德累斯顿已成为欧洲的艺术之都，被誉为"艺术家的雅典"*，与萨克森和阿提卡相提并论。

谢林、诺瓦利斯和费希特的到来，为这个群体注入

---

* 温克尔曼将德累斯顿誉为一流的艺术城市，这与他将"模仿古人"作为艺术基准的观点有关。而以康德为标志的天才美学从根本上放弃了对古人的师法。

了新的活力。这些德累斯顿的艺术爱好者会在夜间打着火把参观古物陈列室，接着一大早又去美术馆，以随意而不连贯的顺序参观，做笔记，发表见解，然后继续前进。

谢林是从莱比锡赶过来的。在他看来，德累斯顿的藏品跟罗马的卡皮托利尼博物馆、梵蒂冈的艺术收藏（包括教皇的古物收藏）以及佛罗伦萨乌菲齐美术馆的收藏不相上下。

人们听闻他刚被耶拿大学聘任。他很年轻，才二十三岁，就已成为德意志哲学界的一颗新星。人们对他既充满好奇，又寄予厚望。

谢林称他将在德累斯顿逗留几个星期。德累斯顿仍然遍布古老的遗迹，逝去的世界以雕像的形式继续存在。不过，遗憾的是，修复工作过于草率。即使是未经专业训练的眼睛，在夜晚穿过展厅时，也能借助火把的反光，发觉所有的缺陷。修复者完全缺乏解剖学上的正确意识，更不用说考虑艺术的结构。还不如把这些雕像作为躯干和碎片来展示，就像历史在数百年的进程中塑造了它们一样。

诺瓦利斯是从弗赖贝格过来做短暂访问的，从1797年下半年起，他就一直在那儿师从著名的矿物学家亚伯拉罕·戈特洛布·维尔纳。费希特也不想错过在冬季学期开始前拜访谢林的机会。此前费希特曾试图去谢林就读的图宾根神学院拜会他，也试图在圣灵降临节去耶拿见上一面，但总差一点缘分，直到去年，也即 1797 年，在莱比锡举办的秋季博览会上，两人才算认识。他们一直都挂念对方。现在，费希特想借着德累斯顿之行，更多地了解这位未来的同事。是的，每个人都渴望见到这位神童，同他一起欣赏藏品。

卡罗琳也在那儿。事实上，早在 5 月初，她就赶在威廉前头，从耶拿来到德累斯顿，同行的还有翻译家兼诗人约翰·迪德里希·格里斯以及女儿奥古斯特，现在她已经十三岁了。满怀着对即将到来的夏天的期待，三人于 5 月 9 日一大早出发。卡罗琳总算想要把自己的注意力重新放到美的事物上了。德累斯顿的艺术宝库正是她理想的目的地：一场感官的盛宴，一道精神的大餐。

这群不凡之人一路穿过意大利厅，在西斯廷圣母像前驻足，细细品味画中人物的位置：这是一部绘画的协奏曲。得不断变换距离与视角，并将观察而来的结果进行比较。因为这幅画不像通常那样挂在墙上，而是置于画架上，以便绘画专业的学生临摹和研究。不知不觉中，这群参观者沉浸在角色扮演中。画里有六个人，相应地，画像前也有六个人。他们模仿人物的肢体语言，就连小天使们看似感到无聊的表情也不放过。当扮演教皇西克斯图斯二世的威廉跪在地上，仰头凝视着扮演圣母的卡罗琳时，谢林出乎意外地捕捉到了小耶稣脸上的表情。

哎呀，那是什么？也许只是为了戏剧效果的停顿，

拉斐尔,《西斯廷圣母》,1513 年

但时间未免有点过长。那是一种深情的凝视，一种温柔的抚摸。旁人也留意到了这一点，包括威廉。

　　只有从未真正对艺术和美学问题感兴趣的费希特仍然无动于衷。对于一位喜欢用命令式句子发表见解的哲学家来说，镀金的画框、抛过光的地板和华丽的仪式毫无意义。他站在那里，呆呆地凝视着前方，然后把自己从一幅画拖向另一幅画，从一个空间到另一个空间——他曾告诉弗里茨，自己宁可数豌豆，也不愿与艺术打交道。* 其他人的热情也未能感染他。诺瓦利斯曾把德累斯顿的收藏馆比作"未来世界的卧室"。是的，令人昏昏欲睡，他说得太对了。费希特更喜欢去游览风景如画的萨克森小瑞士，那里有数不清的山谷和岩丘，有与世隔绝的景点和村庄。

◆ ◆ ◆

　　乍一看，《绘画对谈》的情节相当简单：艺术爱好者路易丝在诗人沃勒、画家莱因霍尔德的陪同下来到德累斯

---

*　1796 年 9 月 21 日，弗里德里希·施莱格尔在给克里斯蒂安·戈特弗里德·克尔纳的信中提到的是历史而非艺术："奇怪的是，他（费希特）对任何与己无关的事情都没有一丁点了解——我第一次和他谈话时，他告诉我，自己宁可数豆子也不愿研究历史。总体来看，他对每一个需要和对象打交道的知识分支都很疏远。"

顿，三人一起参观画廊。路易丝滔滔不绝，沃勒相对矜重，注意力都集中在古物上，莱因霍尔德则闷闷不乐地跟在后面。谈话的方向充满了各种曲折和变化，不知不觉间他们被 17 世纪荷兰风景画的经典作品环绕，陷入了一场关于艺术的可能性与局限性的争论：大自然具有无穷的、永不停息的创造力，风景画怎么比得过？

　　沃勒认为风景画仅仅是一种模仿，与大自然的壮丽相比，只可能是逊色的。莱因霍尔德不同意这种观点。在他看来，这取决于艺术家如何将事物组合在一起，用心灵的眼睛去发现事物背后的理念，进而学会以一种全新的、与众不同的方式看待世界。路易丝还试图说服沃勒相信天才性地赋予形式的能力才是最重要的，并开始描述雅各布·凡·雷斯达尔在其画作《森林中的逐猎》中呈现的风景：水草丰茂的沼泽地上树木相距甚远，使得光可以透进来；树梢将一半闪着光亮的云遮蔽，云彩在光线的作用下产生阴影，而这一切又都倒映在水中；山毛榉沐浴在明媚的日光中，从较暗的部分则可以看到即将来临的秋天；一场猎鹿活动为画面增添了活力。

　　雷斯达尔是一位完全了解自己在画什么的风景画家。在他的作品中，再平凡不过的事物都具有了庄严的特征。他知道云是如何移动的，为何会在某一特定时刻变形、扩散和聚拢，也知道光线是如何在树叶上折射的。路易丝描述了画中的景物是如何清晰地倒映在透明的水中，语气之间带着钦慕，但既没有美化，也未忽视其缺点。然而到头来她却发现，这一切似乎显得有些刻意和做作。

　　三人沿着易北河继续前行。弗里茨很快在阅读中发现，这份虚构的画廊报告并没有他以为的那么简单。路易丝、沃勒和莱因霍尔德在提早离开画廊来到户外后，对着慵懒流淌的河水继续交谈。他们不仅在谈论绘画，而且发现自己此刻就置身于一幅画中——贝尔纳多·贝洛托的《自奥古斯特桥下方的易北河右岸看德累斯顿》。河面倒映着圣三一大教堂的塔楼以及大桥的拱门，背景是圣母教堂的圆顶。路易丝开始用轻盈的笔触在空气中画下这幅画，然后根据在画廊里做的笔记，将她对雷斯达尔的评论描摹在眼前的风景上。

　　如此，这个三人组最终又在他们的阐述中徜徉于画廊之中；事实上，他们的对话本身变成了一幅画，一幅由对话的复调创作出的画中画，不仅塑造和总结了他们先前的所见，还首度使之清晰可见。路易丝、沃勒和莱因霍尔德开始用一种艺术家的眼光看待周围的大自然。自然景观并没有与博物馆中的图像竞争，而是通过美感直观的内在力量与之合成：萨克森易北河周围的草地与理想化的森林景观在精神上并置，河上的驳船与猎鹿、沼泽地与圣母教堂融为一体。

◆　◆　◆

《绘画对谈》唤起了弗里茨对他们在德累斯顿共度的那段美好时光的回忆。他们用实际行动表明，他们努力实现的协作哲学（Symphilosophie，在写作中共同创造思想）确实行之有效。柏林没有太多让他留恋的东西。在耶拿，有威廉和卡罗琳、谢林和费希特相伴，他的工作效率会更高，也会感到更自由。

自从在亨丽埃特·赫茨的沙龙认识了弗里德里希·施莱尔马赫之后，弗里茨就一直与这位神学家同住在奥拉宁堡门前的公寓里。他的大部分社交活动都在那个沙龙里进行，除了情人多罗特娅，那儿是他在这座尘土飞扬、令人疲惫的城市中唯一的慰藉。只有多罗特娅和参加沙龙的人有时能帮助他忍受他跟哥哥及其他友人之间的距离，他想念他们的智慧。

柏林当时的主流哲学是过时的启蒙思想，并形成了一个很强调派性的小集团，外人既无法融入其中，基本上也不愿意融入。其中不乏弗里德里希·尼古拉、奥古斯特·冯·科策比和加里布·黑尔维希·默克尔之辈，而默克尔已经在魏玛崭露头角。因此，弗里茨的愿望愈发强烈——他想再次接近威廉、卡罗琳、谢林、费希特和诺瓦利斯，就像在德累斯顿时那样。是的，离开柏林的小圈子，去往图林根的广袤大地，正如卡罗琳一再向他描述的，那里流淌着"花蜜与仙酒"。学生们也都说，耶拿的生活是美好的。如果错过这个机会，那就太荒唐了。弗里茨的计划并非突然冒出来的。德累斯顿仅仅是个开始。此前他也曾去过耶拿。他的想法是在那里建立一个思想的公社，一个自由精神的共和国。

第二部分 岁月的馈赠

至美的混乱

《卢琴德》，或无畏的爱

　　1799 年末，当多罗特娅终于赶到耶拿与弗里茨相会时，她发现她的爱人处于一种近乎病态的忧郁之中。对工作进展的担忧正折磨着他。有时他会枯坐在那里，用肘部撑着头，拇指和食指从额头向下缓缓地画圈，从双眼之间绕到鼻尖。有时，他会瞥一眼威廉正在翻译的英文书，通常是莎士比亚的作品；《亨利四世》[*]就躺在书桌上。片刻之后，他那定定的目光表明，他又一次无法动笔了。于是继续支起脑袋，不停地揉着太阳穴，然后疲惫地瘫在沙发上。黑暗的思绪，糟糕的睡眠。多罗特娅对此也无能为力。

---

[*] 该译本于 1800 年出版，是威廉·施莱格尔负责翻译的九卷本莎士比亚作品的第六部分。《哈姆雷特》是他第一部被搬上舞台的译作，威廉希望也能在剧院看到《亨利四世》，并由奥古斯特·威廉·伊夫兰饰演福斯塔夫。

前往耶拿的旅途充满了煎熬。弗里茨已于 9 月初离开柏林，而她还要多待几个星期，以便解决她与前夫所生的儿子菲利普的监护问题。等到终于可以出发，街道几乎无法通行。马车好几次被卡住，旅客们不得不冒雨下车，这样马才能拉着马车继续前行。有一次，前方的两匹马深陷泥潭，在农民的帮助下，花了几个小时才脱困。这样的情况日复一日地上演着。

多罗特娅曾多少次憧憬两人的重逢。当她在漫漫长夜睡不着，给弗里茨一封接连一封写信时，她想象着马车如何驶近城市，背景中的延齐希山巍然耸立，旁边是圣米迦勒教堂的塔楼。她的心灵之眼从宁静的山谷和城市上空掠过，一幅宏大的全景图铺展开来，其庄严中透着欢愉，让这位来自柏林的女人感动之余又有些畏怯。她看到自己穿越河流，拐上大街，走下马车。当马儿发出最后一声嘶鸣，弗里茨缓缓走下楼梯，仿佛丝毫不急于把许久未见的她再次拥入怀中。而威廉也会和卡罗琳一起出现在门口，多罗特娅非常渴望有卡罗琳这样的嫂子，迄今为止她对卡罗琳的了解仅限于书信。这将不仅仅是一次团聚，还是让整个家庭紧密结合在一起的时刻。但现在，由于弗里茨心情低落，事情发生了出人意料的转折。

多罗特娅和弗里茨一直相互支持，两人在一起不是问题。离开柏林是正确的选择。但多罗特娅看得出有某样东西阻碍着他，然而她不能提起这个话题。威廉每天早晨都会完成一首诗，其他人也在各自的事业上取得了进展。
路德维希·蒂克当时正在创作一部名叫《吉诺维瓦》的戏
剧，他希望能尽快把其呈献给大师歌德。多罗特娅本人也
在写一部新小说，而弗里茨却一天比一天消沉。即使想借
酒浇愁，连像样的酒也没有。

　　一天晚上，弗里茨用三行体写起了诗，每写下一节，
就从阁楼房间冲到客厅，整整三层楼，一次跨两级台阶，
然后上气不接下气地站在她面前，如同被马蜂蜇了一般 *。
多罗特娅不知该如何看待他的行为。毫无疑问，她喜欢这
些诗句，但他没必要这样，像被催命似的……承受着巨
大压力的弗里茨对她吼道，《卢琴德》的第二部必须完成。
如果无法完成预定的计划，将有可怕的后果等着他。

◆ ◆ ◆

　　《卢琴德》的第一部预示着一场文学革命的来临。
1799 年春，《华伦斯坦》三部曲的最后一部——《华伦斯
坦之死》在魏玛首演，由席勒亲自登台演出，并由歌德执
导。而就在此时，弗里茨的小说也出版了，其奇特的程度
远超过同时代人的想象。按照施莱尔马赫的说法，这本

---

* 弗里茨在 1797 年 8 月 26 日写给奥古斯特的信中用马蜂这个词来形容
　卡罗琳。现在这个说法也适用于他自己。任何谈论柏拉图的蜜蜂的人
　都会被普通的马蜂蜇伤。

书随时可能解体为各个组成部分，但又会不断地重组，"就像来自天晓得有多遥远的未来世界"。

还有什么没有汇入其中：书信、对话、警句、日记。在一些评论家看来，《卢琴德》从内部冲破了文类的束缚，向"至美的混乱"进发，最终变成了一个"美学怪物"，而另一些人则称赞这部拒绝被归类的小说在形式和语言上的独创性。席勒笔下的马克斯·皮柯洛米尼投身于一场与瑞典人的无望的战斗，最终失去自己的生命，而弗里茨笔下的男主人公尤利乌斯却被女主人公弄得神魂颠倒，为爱情而战斗，最终屈服于自己的激情——这正是他的座右铭："即使这个世界可能不是最好的或最有益的，但我知道它是最美丽的。"

《卢琴德》是一部关于爱情的作品，通过对时间秩序的颠倒，用智谋击败其控制道德秩序的企图，调用美感直观而将道德抛在脑后，甚至通过梦境、幻象和想象来克服伴侣之间的距离。尤利乌斯是爱人，也是作家；卢琴德是爱人，也是不循规蹈矩的人。小说的情节极其简单，仅仅围绕这对夫妇发觉爱情是一种颠覆传统模式的生活方式展开，突出了奉献与忠诚、友谊与婚姻、沉醉与节欲之间永恒的二元性。

性别关系发生逆转，男女之间不可调和的两极关系也随之消解。在弗里茨看来，过量的女性气质和夸张的男性气质都是片面的、乏味的和落后的。两性应当互补，以形成一种性别，即人这个性别，而不应有其他性别。不再有男性的盛气凌人和女性的无私奉献。必须保持对立面的平衡。尤利乌斯由此得出了非常激进的结论："我再也不能说'我的爱'或'你的爱'了；这两者是一致的，且完美地结合在一起，就像给予的爱与得到的爱一样。"

卡罗琳在向诺瓦利斯讲述自己阅读这部小说的第一印象时非常激动。应该拿什么与之相比呢？这本书与传统的婚姻观念、有序的人际关系、体面和礼节的观念完全相抵触。爱情不需要任何外在的形式。它就是生命本身的形式。爱情并不一定和道德、承诺、忠诚构成真正的对立，只要将它们关联起来看待。卡罗琳也许会想到幽默大师让·保罗的诙谐小说，但《卢琴德》是另一回事——让·保罗只有一个，没什么可以与之相提并论。就连费希特都已经将这部小说读了三遍，卡罗琳是在同费希特那古板正经的妻子最近一次的谈话中得知的，他每读一遍都有新的收获。

弗里茨的小说带有自传性质，很容易从尤利乌斯这个角色看到他的影子，而卢琴德也可以在多罗特娅甚至卡罗琳的身上认出，不过这都不重要。重要的是认识到，现实的认证无法让作品获得真实性，相反，作品必须融入现实，进而自然地成为现实本身，成为某种需要穿透的东西。

弗里茨与他的读者玩了一个巧妙的游戏，其结果是无尽的困惑，因为他们面对的是一重又一重的属格。就像镜子迷失在自己的镜像中，读者的思考被带到文本深处，会发现这是一部本质上包含了自身的小说。这正是弗里茨的策略，因为它揭示了现实的本质——现实很少像人们想象的那样一目了然，有时也会变得闪烁不定，在两个极端之间不安地摇摆。

自以为是却又谨小慎微的柏林的反击在所难免。这部小说就像一个异物，闯入柏林沙龙生活的陈腐礼节之中。他们认为它是无耻的、"下流的胡言乱语"*。就连席勒也在背后"捅了"弗里茨一刀，抨击这本书是"现代畸形和造作的巅峰"。这本书显然戳到了痛处。只有一个垂死的时代才会做此反应，即使它对自己的批判能力推崇备至。弗里茨已经远远走在了时代的前面，这一点他自己也很清楚。也许这部小说根本就不该出版，至少不该在当时出版。需要到五十年后，人们在读到这部小说时，可能才会希望它早在五十年前就出版了。使得弗里茨陷入舆论旋涡的激烈反应，证明他的方向是正确的，但他还是无法摆脱一种感觉，即他可能在完成第二部的过程中失去理智。

◆ ◆ ◆

这座城市也许并不美，但多罗特娅已经到来。经济

---

* 来自卡尔·奥古斯特·伯蒂格对这部小说的贬低。尤其惹到他的是"无耻的荡妇角色卢琴德"和公开露骨的色情描写。

条件并不宽裕，性别角色也不像她希望的那样平等：弗里茨和威廉白天工作，而她和卡罗琳一起操持家务，照料菲利普和奥古斯特，招待客人。房子也需要来一次春季大扫除。精神上的事务只能抽空做。卡罗琳积极地参与威廉翻译莎士比亚、撰写评论和随笔的工作，多罗特娅则在她的首部小说上取得了进展，她给该小说取名为《阿图尔》。好在她每个月还能从前夫西蒙·法伊特那里拿到一笔钱，但她在离开这段婚姻时只带了包括钢琴在内的少量财产，这些财产还留在了柏林。现在，她不得不学会精打细算。

法伊特是一位很体面的丈夫，1783 年，年方十八的多罗特娅嫁给了这个银行家。这在某种程度上是延续家族的传统。她的母亲弗罗梅特出生于汉堡经商的古根海姆家族，祖上不乏维也纳有影响力的银行家，尤其是负责皇家财务的萨穆埃尔·奥本海默。她的父亲是著名的哲学家摩西·门德尔松，在她十四岁时就安排了这桩婚事。两人没什么感情，灵魂更谈不上契合。法伊特是一个无趣的、精于算计的、没有受过教育的人，眼中只有生意，而她现在决定与之共度一生的这位不仅年轻近二十岁，思维也要敏捷得多，两人根本没法放在一起比。幸运的是，法伊特能够与多罗特娅达成一致：他将儿子交由她照顾，并支付赡养费。她获得了监护权，条件是不得背弃犹太信仰。

多罗特娅与菲利普在位于洛伊特拉街 5 号的新居里愉快地生活着，她觉得自己正愈发变得灵敏和老练。她喜欢自己的新家充满了古怪的人。街坊见到他们都会像受刺激一般地躲开，而他们也瞧不起这些小市民。她可不在乎。只有亲身经历过的人，才能想象多罗特娅在这个圈子里感受到的机智与诗歌、艺术与科学的持续交融。

尽管如此，摩擦也少不了。拉帮结派，拆解别人的哲学概念，散布刺耳的评论。就卡罗琳而言，多罗特娅有点被压着的感觉。她注意到，威廉的妻子自打一开始就在不断地审视自己，无论卡罗琳表面上显得多么和蔼可亲。多罗特娅个子不高，比卡罗琳矮得多，体型也要更宽。在照镜子时，多罗特娅常常会得出自己并不漂亮的结论：她的眼睛很大，发红，甚至有些灼热，面容憔悴而僵硬。有时她真希望自己也能像卡罗琳这位令人钦佩的女主人、艺术评论家、多面手那样，在午餐聚会上表现出某种气场，就好像她生来就如此，无畏只会显得她高贵，而不会带一丝傲慢的痕迹。康德最近又再次成为午餐桌上谈论的话题，他把她们这样的行为称为"非社会的社会性"，指的是人类共处时自然产生的一种对抗性，其中混杂着种种相互冲突的利益。康德解释说，一方面，人预先有与他人交往的倾向，"因为在与人交往中，他觉得自己更像一个人，也即他的自然禀赋得到了发展"，但另一方面，他也在努力追求与外界隔绝，"因为他在自身中也发现了非社会性的品质，亦即希望仅仅按照自己的心意处置一切"。而这正是冲突的源头：社会交往中的摩擦作为一种阻力，尽管具有一定的不幸色彩，但也有其积极的一面，因为它起到了约束、调节和培养的作用。一个人必须认识到，他需要同代人来实现自己的目标，即使他从根本上讨厌他们，因为一个人的目标迟早会成为共同的而非个人的目标，正如康德辩证地总结的，"这时，就迈出了从野蛮到文化的真正的第一步"。

多罗特娅、卡罗琳、弗里茨和威廉约定自称为"同人"（Symmenschen），而这个词属于一组新造词的一部分，指的是在 symphilosophieren（作为一个群体进行哲学探究）和 symfaulenzen（作为一个群体闲逛）这两个方面都非常在行的人。尽管威廉身上仍有一种在弗里茨看来需要戒除的浮躁轻率的作风，但他们体现了一种更高的凝聚力，并且为了在未来保持这种团结而奋斗。卡罗琳和威廉、多罗特娅和弗里茨别无选择。机会就在眼前：谢天谢地，那年夏天他们否决了与费希特在柏林合住的想法。德语文学仍远远落后于他国文学，如果要想使之进入弗里茨希望看到的革命状态 *，他们就必须在耶拿共同努力。

---

* 关于对自我地位的认识，奥古斯特·威廉·施莱格尔在 1799 年 9 月 13 日写给伊丽莎白·冯·纽斯的信中做了最惊人的宣示："想象一下，整个德意志文学都处于革命状态，而我们，我的弟弟、蒂克、谢林和其他几个人，构成了'山党'（Bergpartei）。我们不必因为参与其中而感到不好意思，因为首领是……歌德和费希特。"

想象的主体

法律面前的费希特

　　这简直是一场酷刑。炎炎烈日下，费希特在勃兰登堡的沙地荒原上奋力前行。1799年夏天，那里在各个方面都与阿拉伯沙漠不相上下。

　　尘土飞扬、枯燥乏味是普鲁士王国首都给他的第一印象。柏林无疑让他感到了沮丧，尤其考虑到他是刚从耶拿过来的，而如果让他自己选，他打死也不会离开那里。弗里茨给他在菩提树下大街找了一间带家具的房间，价格并不比耶拿的贵多少，如果不是因为臭虫横行，本来凑合着也能住，它们在松动的墙纸下面，在家具软垫里，在床架与褥垫之间出没。费希特不是没向弗里茨和房东抱怨过，但他们对这个问题都轻描淡写，因为这在柏林随处可见。如果他真的要继续待在这个城市，他将急需一处干净的新住所。

纪尧姆·安托万·奥利维耶《昆虫学，或昆虫自然史》中的插图，巴黎，1789—1808 年

好在他在刚到这里时雇的仆人挑不出一点儿毛病，谦逊、勤奋不说，还能写一手好字，这一点在费希特需要誊抄时会派上用场。现在对费希特来说，最重要的是结构好自己的生活，以便能够继续工作。他正在撰写的这部著作叫《人的使命》。

对费希特来说，"结构"（Struktur）意味着早上 6 点起床，然后直奔书桌。上午是用来工作的；梳洗打扮——洗漱、梳头、扑粉、穿衣——可以等到 12 点半。午后 1 点钟，他会去施普雷河对岸的齐格尔街吃午饭，在那里他常遇见多罗特娅，她在与富有的银行家法伊特离婚后独自生活。除了弗里茨和费希特，她还经常和弗里德里希·施莱尔马赫一起用餐，他是弗里茨的朋友和附近夏里特医院的牧师。

近来，施莱尔马赫的新书《论宗教》引发了大量的讨论，这位矮小驼背的神学家给这本书起了一个尖刻的副书名："对蔑视宗教的有教养者讲话"。施莱尔马赫很清楚，他很难指望那些沉浸于本世纪的智慧、对思考永恒毫无兴趣的人会认真对待他。他们不屑于聆听天堂的火花，它能让死者复活，让黯然的万物焕发光彩。对施莱尔马赫来说，宗教既不致力于道德，也不致力于教会，而是意味着从整体上看待宇宙。费希特不太了解这种想法，但他很乐意成为施莱尔马赫的传声筒。

下午 3 点钟一回来，他会读一本法语小说或者逮到什么就读什么。接着，5 点钟左右，他会去剧院看一场喜剧，骑马去蒂尔加滕，或者在门前踱步，那里的菩提树开满了花。有时，他还会与弗里茨、多罗特娅、施莱尔马赫一道去乡下游玩。

来到柏林后，费希特基本上只与弗里茨的小圈子来往。也正是弗里茨向他发出了危险已经解除的信号：只要费希特被解雇和离开耶拿的细节未被披露，当局就不会来打扰他。

费希特在耶拿受到的指控可不小——无神论。一开始他还当着公爵的面威胁说，如果他受到谴责，如果他的教学自由因这一诽谤性指控而遭受任何限制，他将会辞职。说时迟，那时快：谴责来了，随之而来的是解雇。费希特赌输了。

弗里茨强烈建议费希特不要申请长期居留证，并声明他来柏林只是"拜访"，从而让人觉得费希特只是想散散心，想稍微改变一下按部就班的大学生活。如果出现了他正在逃亡的传闻，他将立即成为全城人的谈资，这让人难以忍受。此外，弗里茨建议他在国王回来的前几天抵达。

腓特烈·威廉三世被认为具有改革意识，虽举止有些木讷，但与两年前在临终前传位的"肥胖的窝囊废"(dicke Lüderjahn) *腓特烈·威廉二世相比，可以说是相

---

* 腓特烈·威廉二世这个广为人知的绰号是他的臣民给起的，他们认为他一无是处，根本无法应对时代提出的挑战。

当有魅力。据说，国王和他的妻子路易丝王后（来自梅克伦堡 - 施特雷利茨家族）之所以希望在魏玛停留，是为了看席勒《华伦斯坦》三部曲的最后一部。

　　弗里茨坚持认为，如果当局想把费希特驱逐出城，必须由普鲁士国王亲自来裁决。他宣称，在言论自由受到威胁的地方，思想自由也处于危险之中。*费希特的案件并非孤立的事件，它是一个非常重视其开明地位的时代的象征。

　　7 月 1 日，费希特离开耶拿，也离开了妻子和年幼的儿子，并不确定自己是否还能再见到这座城市。两天后，也就是 7 月 3 日晚，他听从弗里茨的建议，独自一人抵达柏林。至于何时才能安排约翰娜和小伊曼努尔·赫尔曼同他团聚，仍是个未知数。

　　晚上回到家后，费希特通常只吃一个牛奶小面包，佐以一杯梅多克产的葡萄酒，这是他手头唯一可口的葡萄酒。10 点或 11 点，他就上床睡觉了。长夜无梦，除了有一次，他梦到多病的幼子在险象环生之后又恢复了健康。费希特的手边总放着儿子的一绺头发，以便在最坏的情况发生时纪念他。梦中，儿子本来安详地躺在他的怀里，却突然变得苍白，并发生膨胀和奇怪的变形。甚至到了清晨，

---

* 弗里茨甚至计划写一本题为《献给费希特：致德意志人》的小册子。然而，他只完成了一些片段，没有出版。

当费希特从书桌前望向窗外盛开的菩提树，他的思绪也会
突然被那狰狞的面孔撕裂，仿佛它仍想纠缠着他。

◆ ◆ ◆

哲学的中枢器官是想象力。洛伊特拉街 5 号的居民
们都完全认同这一点。想象力并不意味着虚构、幻觉
或欺骗，而是将无限融入有限之物，使永恒在时间中
显现。想象力具有调和对立面的能力，而眼下，对立
只多不缺。

康德已经定义了这种调解作用：想象力生动地呈现
一个对象，从而消除了该对象实际存在的必要。它唤起的
对象不一定真的存在。正是这种双重功能——既能使不存
在的东西存在，又能使存在的东西回到不存在的状态——
赋予了它调解矛盾的能力。

弗里茨、威廉、谢林和诺瓦利斯的哲学和文学作品
都依赖想象力的力量，并相信它所具有的弹性。他们都上
过一所名叫"费希特"的学校。通过将"自我"与"非我"
（即"世界"）结合起来，费希特成为首个将想象力提升
为哲学原理的人。

想象力不需要选边站，支持一方或另一方；费希特
援引了"摆荡"这一意象来描述它在两者之间的运动。想
象力摆荡于种种对立面之间，灵动地闪现在概念与知觉、

理智与感性、心灵与自然、观念与经验之间，微妙到几乎无法察觉。

但即便是费希特，对想象力的界定依然保守。他最终还是将概念置于知觉之上，理性置于感性之上，心灵置于自然之上，使得整个世界消解为主体的单纯建构。在他的思想中，现实变成了一块画布，自我在上面塑造自己的世界形象。"自我"按照自己的范畴来塑造世界，而自然依然是死的。事情不可能就这样结束。

想象力并不像康德和费希特定义的那样，仅仅具有认知功能。它是现实的一种形式，因为现实本身在最深层次上就是由矛盾构成的。弗里茨、威廉、谢林和诺瓦利斯在这一点上观点一致。单纯的概念对知觉是盲目的；理智对生命实践中的问题缺乏敏感；精神对于活生生的有机自然的结构来说过于抽象。想象力必须关乎更多的东西，关乎存在本身及其包含的一切，所有矛盾和失败的时刻，就像法国大革命一样。没有矛盾，就压根不会有生命——只有死亡。

诺瓦利斯将想象力描述为连续不断的振荡，就好像意识永远不会沉睡，而谢林则将其比作为初醒。在他看来，人类有限的知性是基于一直存在之物与即将形成之物之间的差异而产生的。谢林说，我们如同从死亡中苏醒般从自我迷失中醒来，看到自己在时间中的位置；第一个无法捕捉到的自我意识行为已经发生，这个行为将永远是我们意识中的一个盲点。但是，以这种不可调和的差异为特征的现代给我们提供了行使自由的可能，这也许是诸神赐予我们最美好的礼物，因此也为我们人类提出了最艰巨的任务。

◆ ◆ ◆

费希特作为一名大学教师的职业生涯可谓充满波折。他在耶拿的同事中，没有人比他更受尊敬，但也没有人比他更受敌视。费希特有自己的信念，这使他很容易受到伤害。正如法兰西民族把人从外部的枷锁中解放，他的哲学旨在使人能够挣开自身的枷锁，摆脱教条主义，成为自主的存在。他的体系被称为第一个自由体系。

当费希特于 1794 年接到耶拿的召唤时，学生们迎接法国大革命的激昂之情已烟消云散。被康德视为"历史的标志"而加以颂扬的早期热情已荡然无存。康德曾说过，公众的巨大反响——如雨后春笋般涌现的杂志、对审查制度的抵制——将在未来不断地产生回声。费希特试图做的便是重新点燃这种热情，将革命带回大学。

他的第一个系列讲座的主题是学者的使命。学者不能脱离社会；相反，他的任务是在社会中证明自己，作为开路者和启蒙者，推动社会的进步。不能只是在讲台上谈论自由，还得在实践中捍卫自由。想法必须转化成行动。

大学不能继续仅仅作为一个知识机构，一座与社会隔绝的孤岛，而是应该且必须成为积极的参与者。理论与实践是一体的。费希特的自由哲学是真正意义上的行动哲学。这是理解其唯心主义的第一个要点。

火花点燃了：席勒发表过就职演讲的格里斯巴赫礼堂，对费希特来说，很快就显得太小了。学生们——超过耶拿大学学生总数的一半——挤满了整个礼堂，甚至溢到院子里。学生们不久后称他为"哲学界的拿破仑"。他不是一位温文尔雅的哲学家。这个身材矮小、肩膀宽阔的男人站在讲台上，不像入世的智者那般冷静，而是像战士一样充满斗志，只见他的头不断地转动，仿佛有一场雷雨即将爆发。费希特不仅好辩，有人说他是十足的好战。他的嘴里没有一句温言软语。他是个不满现状的人，不断地在寻找行动的机会。费希特似乎已经向与他的哲学"自我"相对峙的世界宣战。

就革命和人的自由问题展开辩论的场合，并不只有讲座和研讨会，还有"自由人"文学社。它成立于费希特就职耶拿前不久，并在他的推动之下终于成形。在 1794年 6 月 18 日举行的成立大会上，与会者以"我们这个时代正在出现的人的自由：基于理性原则、在社会中实现"为主题进行了辩论。每两周，成员们会在其中一名成员的公寓里聚一次，聆听演讲或讨论提前分发的文章。神学家尼塔默一般都会参加。德德莱茵府邸有足够的空间来进行唇枪舌剑。他的同事海因里希·埃伯哈德·戈特洛布·保卢斯的身影也出现在其中。当来自不来梅的学生约翰·斯米特发表了关于庆祝活动的高尚作用的演讲后，大家当晚就决定每隔一个月要狂欢一次。酒醉吐真言？真理在酒中！（In vino veritas? In veritate vinum!）真正的友谊纽带很快就延伸到学术活动之外。在儿子伊曼努尔·赫尔曼出生两天后，费希特毫不犹豫地将圈子成员约翰·埃里希·冯·贝格尔登记为孩子的教父，尽管后者毫不知情。

费希特甚至还组织起午餐聚会，不过他和妻子约翰娜很快就意识到，这种事情在平静的耶拿是闻所未闻的。有时，每天会有多达十名学生出现在餐桌旁，他们分别来自萨克森、施瓦本、不来梅、奥尔登堡、西里西亚、库尔兰、瑞士、丹麦、法国和苏格兰。参与者会开诚布公地谈论政治、文学和艺术的最新进展———种以对话的方式撰写的日记。

并非所有人都喜欢这种随心所欲。有一次，一位与会者公开鼓吹法国的事业——一顶红色的雅各宾帽传来传去，《马赛曲》也响了起来——一名苏格兰人再也坐不住，汤刚端上来时就愤然离席了。对贵族统治的支持者来说，午餐桌上的谈话不一定有利于消化。

费希特的一些同事也很反感他的这种讨论文化，声称他的哲学潜藏着骚乱的隐患，谁也不知道有朝一日会造成怎样的破坏。*费希特不断卷入各种争论之中，例如他建议秘密兄弟会自愿解散，这当然是为了学生好。毕竟，现在哪还有理性的人会动真格地参与决斗呢？

费希特的倡议激起了学生的激烈反抗。他们不禁回忆起与巧克力派的对抗、公爵军队的入侵以及学生们逃往埃尔福特的情景。为了给费希特一个教训，学生们砸碎了他的窗玻璃。†他不得不带着家人逃离这座城市，在离魏玛不远的奥斯曼施泰特的一处宽敞的庄园里度过了 1795 年夏天的大部分时间，这处庄园曾是公爵夫人的避暑之地，堪称一片和平与幸福的绿洲。但耶拿的气氛仍然高度紧张——只要有一点火星，火药桶就会爆炸。

这一刻还是没躲过：1798 年 10 月，费希特在《哲学杂志》上发表《论我们信仰上帝统治世界的根据》，之后被指责为宣扬无神论。严格来说，这篇文章并没有"否认上帝"。费希特只是反对将上帝过于简单地拟人化：我们不能把上帝想成坐在天上的王；他只能是道德世界的秩序，而非其他；把上帝说成是一个人物，赋予其行动者的品质，恰恰是否认他的存在。

---

* 问题早在 1794/1795 年冬季学期就已出现，费希特决定在主日礼拜的黄金时间举办关于学者使命的系列公开讲座，结果被举报到了公爵那里。
† 歌德在 1795 年 4 月 10 日向克里斯蒂安·戈特洛布·福格特告知了这一行动。伯蒂格写道，在遭受了越来越多的暴力袭击后，费希特再也不敢晚上不带手枪就出门。

仅仅过了五天,第一份通知*就从邻近的萨克森传来:萨克森选帝侯腓特烈·奥古斯都三世要求魏玛的卡尔·奥古斯特公爵收回这期杂志。费希特的文章与基督教或自然宗教都不相容。我们不能眼睁睁地看着具有公众影响力的教师在萨克森边界的另一端,试图将上帝和宗教从人心中驱除,如此一来也会危及我们自己的孩子。如果耶拿的情况没有任何改变,我们将不得不禁止他们去那里上学。

这种指控与哲学本身一样古老:诱惑年轻人,否认神灵。费希特突然发现自己被迫扮演起苏格拉底的角色。与那时一样,真正的原因在于政治。对于德意志的侯爵、公爵和国王来说,费希特是一名危险的作家,一个政治空想家,一位应受谴责的民主人士,一个臭名昭著的雅各宾派†,一颗定时炸弹。这份通知本质上是为了全面抨击康德的批判遗产。

魏玛政府面临的压力与日俱增。越来越多的宫廷禁止《哲学杂志》的发行,并威胁要让他们本国的孩子从耶拿退学。对卡尔·奥古斯特来说,"费希特事件"的走向

---

* 1798 年 10 月 24 日,《哲学杂志》的出版商宣布这期杂志已发货。10 月 29 日,德累斯顿的教会最高监理会通知萨克森选帝侯,要求立即没收这期杂志。12 月 18 日,魏玛宫廷收到萨克森的要求函。费希特不得不向公爵进行自我辩护。

† 费希特在 1799 年 3 月 18 日的辩护书中写道:"我的本性不喜欢隐瞒(……)。所以,我想把整个事挑明。在他们看来,我是一个民主主义者、一个雅各宾派,仅此而已。而对于这样的人,无需进一步的证据,你就会相信他犯下了暴行。于是对这种人做任何事情都是公正的。"

越来越难以预料。他本来从一开始就怀疑这位革命的同情者。如果说他与歌德当初在美因茨谈论任命计划时，几乎是立即决定信任歌德，那么现在他以同样的速度收回了对费希特的信任。对公爵来说，兹事体大。尽管费希特很快就写了一份辩护书，一针见血地指出指控的实质所在，并且有两百多名学生联名请愿，要求挽留他们敬爱的老师，但他在耶拿的日子已经屈指可数。没有人赶来帮助他，甚至歌德也无力回天。

◆ ◆ ◆

费希特刚到柏林不久，就有警察上门例行查访。这座城市被划分成多个区，每个区都由一名专员负责，他需要掌握所有新住户的情况。费希特被问及是否打算在柏林定居。

按照事先与弗里茨商量好的，费希特回答道，他只是来游玩的，至于要待多久，他也说不准。对于这种解释，对方似乎是买账的。但费希特清楚自己正处于监视之中，所以他在处理信件时格外谨慎。正在等待他消息的谢林不得不付出更多的耐心。费希特选择让路德维希·蒂克这样的朋友来传达机密信息。

现在，在拆开信件之前得仔细查看，以确定是否有人动过手脚。来信最好直接寄给夏里特医院的施莱尔马赫而非弗里茨，因为后者的信件也会被检查。这就是费希特在流亡柏林初期与约翰娜保持联系的方式。与此同时，费希特也不能完全中断他的公事信件，否则只会引起猜疑，让政府的嗅探犬盯上。

危险随时可能降临，但约翰娜陪他度过了所有不确定的时刻。在柏林，没什么人支持他：他与弗里茨的关系让一些社会名流不快。弗里茨的《卢琴德》被视为伤风败俗之作，尤其他还与一位离异的女性同居，他们不明白费希特为什么会跟这样的人交往。费希特还不想对《卢琴德》作出最后的评判。但令他感到意外的是，他很欣赏这部小说通过想象力来调解对立面的方式。他来来回回读了三遍，但没有向妻子（她将此事告诉了多罗特娅）以外的任何人提及。

现在，弗里茨和多罗特娅决定去耶拿，如果让威廉和卡罗琳来柏林，岂不是更好？是的，费希特实际上是在提议建立某种公共家庭，一个思想和生活的共同体。谢林也应该一起来。为什么不呢？他们可以在城里租一个大房子，雇一名厨子，像一家人一样生活在一起。无论如何，他总会找到教职的。但其他人显然都打算坚持自己的选择。多罗特娅甚至都已经将她公寓里的家具租出去了。他们压根就没有认真考虑他的建议。好吧，他想——就让他们自己去见识见识吧。

援助之手

往返月球

　　1799 年 2 月，在《皮柯洛米尼父子》首演结束后，歌德与席勒回到耶拿。此时天寒地冻，积雪没膝，乘坐马车似乎不可能。他们选择了适合这个季节的另一种交通方式：雪橇。

　　与去年秋天上演的《华伦斯坦的阵营》一样，《皮柯洛米尼父子》取得了圆满的成功——无论是对于剧作家席勒、导演歌德，还是对于魏玛宫廷剧院翻新过的大厅以及建筑师图雷特来说，都是如此。更重要的是，该剧的首演恰逢卡尔·奥古斯特的妻子、黑森-达姆施塔特的路易丝大公*的生日。1 月 30 日首演之后，应观众的强烈要求，

---

*　路易丝自 1775 年 10 月 3 日起成为萨克森-魏玛公爵卡尔·奥古斯特的妻子。

该剧不得不在三天后第二次上演，真可谓轰动一时。

评论家们一致认为，《皮柯洛米尼父子》是德意志舞台近年来上演的最佳戏剧之一。你几乎可以看到观众把席勒的台词浓缩成格言，赋予它们独立的生命，把它们变成适于引用的警句："时间对于幸福的人来说不存在。"*

歌德和席勒裹着毛皮大衣和毛毯出发了。

歌德现在需要的是距离：远离剧院，也远离魏玛——他在魏玛担任枢密顾问、国务大臣和公爵的心腹。他是以诗人的身份前往耶拿的，在那儿他能够更加专注于自己的天职，而不是像在宫廷里那样，被政治责任和日常的社交义务分散精力。席勒已责备过他，说他不该如此长时间地疏于创作，并希望这种间断是最后一次，他必须坚持挤出所需的时间。歌德已经想好接下来要写什么：完成旷日持久的《浮士德》。

但歌德到耶拿也休想清净。自从他宣布到来的那一刻起，请求就从各方涌来。歌德支持与耶拿大学有关的事业，关照科研机构和收藏馆，特别是在他最热衷的解剖学领域，并与多位科学家保持联系。他喜欢在解剖楼的塔楼

---

* 席勒的诗句被大众熟知的速度有多快，还可以从一个事实看出，那就是席勒的作品中根本没有出现过这个今天仍被广泛使用的表达。他让被表妹苔克拉迷得神魂颠倒的马克斯·皮柯洛米尼说的是："啊！谁若不得不想到时辰更替，早已从天国坠落人世！对于幸福的人时钟全都无声无息。"

里安静地从事他的研究。正是在那里，他与解剖系主任尤斯图斯·克里斯蒂安·洛德一起，取得了一个重大发现：人类也有颌间骨。他不只是猜想它存在，而是一直都知道它存在。

此外，他还得负责扩建连接魏玛和耶拿的道路，因为这条路受雨水和河道的影响很大。几年前，他关注过浮空器的新闻，这种"新奇的热气球"*可用于空中旅行。蒙戈尔菲耶兄弟曾当着法国国王的面，将他们的热气球升空，上面载着一只羊、一只公鸡和一只鸭子，它们全都活了下来。此后不久，人类也追随动物们，可以鸟瞰整个大地。有了这种腾空而起的能力人世间的纷纷扰扰铺展开来，一下子变得清晰可辨。

歌德曾与魏玛宫廷的药剂师威廉·海因里希·塞巴斯蒂安·布霍尔茨一起反复试验自制热气球。公爵本人也进行过这方面的委托。在安娜·阿玛利亚公爵夫人的庄园里，一个用牛膀胱制成的小型热气球升空后没有飞多远，但这并未阻碍一些支持者梦想着去外太空旅行，往返月球。（如果能不费力地往返耶拿，也不失为一个好的开始。）

---

* 这个术语由克里斯托夫·马丁·维兰德创造，证明了这项技术革新的流行。1786 年，就连《全德图书馆》的编辑弗里德里希·尼古拉也不得不在他的杂志上增加"热气球"这个栏目。关于该主题的丰富而全面的阐述，参见 Rolf Denker, "Luftfahrt auf montgolfiersche Art in Goethes Dichten und Denken," in Goethe. Viermonatsschrift der Goethe-Gesellschaft, vol. 26 (1964), 181–198。

1783 年 9 月 19 日在凡尔赛宫，当着国王路易十六、王后玛丽·安托瓦内特和本杰明·富兰克林的面，蒙戈尔菲耶兄弟的热气球首次飞行

歌德经常在耶拿一待就好几天，有时甚至长达整整一个月，远离未正式迎娶的妻子克里斯蒂娜·武尔皮乌斯。她不得不在歌德不在的时候，兼顾起照顾儿子和管理家庭的责任。有时，在魏玛的人看来，歌德已经不住在那间位于弗劳恩普朗的房子里了；他不再在刻着拉丁文"您好"（Salve）的黑檀木门前迎客。

歌德在耶拿的时候，通常是在城市宫顶楼的一个陈设简单的小房间过夜。自 1690 年萨克森 - 耶拿公国将耶拿还给邻国魏玛——在耶拿作为王座所在地仅仅十八年之后——城市宫就被另作他用。从 1779 年开始，这里成为一座图书馆，馆内的藏书种类繁多。歌德最常查阅的是他与约翰·格奥尔格·伦茨教授共同管理的矿物学藏书。

在顶楼，他会享用一杯热巧克力。自从老成练达的博物学家亚历山大·冯·洪堡向他推荐后，他就爱上了这种热饮。洪堡解释说，在可可豆中，大自然最为成功地将其最宝贵的养分浓缩在一个小小的空间里。歌德最近得知洪堡正计划去美洲探险，他将从西班牙西北部的拉科鲁尼亚启程，途经加那利群岛到达加拉加斯，然后再从那里穿越拉丁美洲。每当歌德把冒着热气的杯子递送到嘴边时，他都会不禁想起洪堡说的话。巧克力真的太对他的胃口。有时实在需要，他甚至安排莱比锡的里凯商店给他寄来他最喜欢的牌子。这正是在一趟穿越皑皑白雪的短途旅行之后的最佳后续。外面真的是太冷了，叫人直打哆嗦。

一回到城市宫，他会立刻向仆人卡尔要一杯"老样子"。

（"卡尔"是歌德对他所有仆人的称呼。他原先的仆人服侍了他好多年，两人的关系很密切，这使他很难适应一个新名字。伟大的康德是到了晚年，因为健忘，才总是用同样的名字称呼他的长期仆人兰珀的继任者，并在他那本有关智慧的小书中特别指出，必须忘记"兰珀"这个名字。而歌德则毫不掩饰地从一开始就决定坚持使用"卡尔"这个名字。）

提供热巧克力只是他的仆人最为细致的工作之一。卡尔不仅是旅途中必不可少的帮手，负责打包行李，与马车夫、旅馆老板和女仆打交道，打理大衣和套装，还负责收集石头、记录口述、誊抄文件、记日记和分类账——掌握财务状况很重要[*]，否则枢密顾问兼国务大臣歌德阁下的开支可能会再次超出预算。简言之，卡尔负责处理日常生活中的各种零碎的事。记录员、秘书、巧克力职人……这些工作无缝地融合在一起。要是没有仆人，这位全才的雇员（Universal beschäftigte）将会陷入困境，无法胜任其全方位的职责（Universalität）。

对于约翰·雅各布·路德维希·盖斯特来说，成为卡尔轻而易举。1795 年，当盖斯特开始为歌德工作时，

---

* 对歌德来说，坚持做详细的家庭预算很重要，因为他倾向于过大手大脚的生活。在魏玛的头几年里，他的开销有时是他薪酬的三倍多。

他已经拥有了很强的自信心，不必像他的前任保罗·格策和克里斯托夫·祖托尔那样——两人分别为这位诗人、国务大臣、博物学家服务了十七年和近二十年——接受费劲的培训和指导。因为盖斯特曾在教育领域工作过，精通拉丁文，掌握丰富的植物学知识，甚至弹得一手好管风琴。席勒称他为"歌德的英勇之灵"，相比于浮士德的助手瓦格纳，他更像是堂吉诃德身边的桑丘。歌德已经许诺给他魏玛的一个官位，如果他不想继续干这份工作的话，对于一名忠诚的随侍来说，这样的待遇是合理和恰当的 *。

在这个二月天，歌德、他的仆人、马车夫，以及席勒在内的所有人都很高兴，因为他们已经感知到耶拿的存在了。当他们靠近城市周围的群山时，就连马拉雪橇的步伐也加快了，空气中回响着挥鞭的"啪啪"声。

◆ ◆ ◆

她把驮筐牢牢挎在肩上，带子嵌入她的肉里。交错的绳索将货物和包裹勉强固定在一起，它们都快要从塞得满满当当的驮筐中掉出来了。她戴着头巾，裙子上系着围裙，手里还提着一个柳编篮子，里面装着水果、草药和新

---

* 歌德的确为盖斯特谋到了一个公职。盖斯特于 1804 年离职，1814 年
　获得了梦寐以求的内廷总监和审计员的职位。

鲜蔬菜。这是她一天之内第二次经过耶拿西北部的小村庄弗兰肯多夫。邻近的村庄还有温普弗施泰特、卡佩伦多夫和哈默施泰特。

大家都喊她"老姑娘温泽尔"。在弗兰肯多夫的客栈稍事休息之后，她在凌晨时分继续上路。在长达五个小时的旅途中，她总是来这里放下驮筐歇脚，尤其到了晚上，因为天气变得越来越冷。

老姑娘温泽尔背的东西太重了。筐子足有五十磅重。私人信件、药品和日常用品——女信使每周要带着这类东西往返两次：周二和周五从耶拿出发前往魏玛，周三和周六返回。尽管骑马运输能更快到达，但她有一个明显的优势：能直接送信，人们给她的信隔天就能收到回复。对于那些在收获季节忙得不可开交的农妇，她会在市场上帮她们采购生活物品和餐具。她还为医生和药剂师送药，替商人把货物送到有钱的顾客手中。作为报酬，她一般会收取货物价值的十分之一。

公国的邮政系本希望禁止任何竞争，但该申诉没有得到政府的理睬。魏玛和耶拿实际上隔绝于跨地区交通之外，因为它们不在德意志民族神圣罗马帝国的中心贸易路线"御道"（Via Regia）沿线。莱比锡和埃尔福特同为重要的交通枢纽，离它们最近的直接通道在魏玛北部的布特尔施泰特，相距十二公里。担任信使的妇女是驿车不可或缺的重要补充，因为驿车的速度实在太慢了。

如果没有她们，公国的大部分地区将收不到邮件。

这一天，老姑娘温泽尔身上带着一封特别重要的邮件：歌德先生写给席勒先生的信。这种情况已经有一段时间了，她不仅帮他们送信，还帮他们交换礼物。现在，她正从弗劳恩普朗的房子里走出来，驮筐里装着一整条梭子鱼。鱼腥味在她身后弥散，如果风向突然改变，在她前方数百米远的地方都能闻到。她甚至还得将歌德收藏的石头运到耶拿，或者把一些日记装在一个空盒子里，她曾用这个盒子把席勒夫人亲手烤制的饼干运到魏玛。礼物与回礼的循环。

经常得等到先生们读完信、拟好回信、挑好礼物后，她才能离开。您尽可以信赖她：这位女信使是无价之宝，特别是当时间紧迫，必须在首次公演前对剧本进行最后的调整时。最终，是她决定了歌德与席勒用怎样的通信节奏来维持彼此的思想交流。

老姑娘温泽尔从她的壶中抿下最后一口酒。天色渐亮，她得抓紧时间了。小路经过霍尔施泰特和伊塞尔施泰特，下到米尔塔尔，大约再往前延伸一英里*，就能到耶拿了。

---

* 原文如此。作者在书中对"公里"和"英里"这两种单位混合使用。——译注

◆ ◆ ◆

歌德在耶拿度过的时光，不仅让他的文学创作受益匪浅，也对他的自然研究大有裨益。植物、石头、云朵、骨骼——一切都处于运动之中，都在不断地过渡，从简单的有机体上升到更为复杂的形式，一步一步，最后将所有之中最为复杂的人类融入整个大自然，融入其各个成员的系统。歌德试图为自然科学的不同领域提供一个新的方法论基础。他称其为形态学，"研究有机形态的结构、形成和重组"。

歌德在耶拿的自然研究能取得如此令人钦佩的进展，席勒功不可没。席勒就像一面镜子，让他看到了仅凭自己永远不可能见到的东西。

他们的友谊是一场持久的革命故事。他们的一个基本冲突，即经验和思想之间的关系，被反复争论。就像所有的开端一样，这份友谊的开端也是很艰难的。直到在耶拿，在自然研究学会举行的一次会议上，结才被解开。那是 1794 年的事了。

作为该学会的荣誉会员，歌德和席勒出席了在市政厅街巴赫施泰因宅邸举行的讲座。但两人都感到了失望。就在歌德打算提前离场时，席勒也站了起来，两人挤进窄门后在出口处相遇。接着，他们出乎意料地展开了一场对话，讨论怎么能以这样一种破碎的方式看待自然，而不是

将其视为一个不可分割的有机整体——即生命。当他们
走到街上时，歌德猛然发现他们之间的共同点：对自然
的兴趣。

就像俗话说的，席勒打开了那扇门，歌德走了进去，
提出了自己的观点：自然应被看作积极的和生机勃勃的，
从整体扩展到其组成部分，而绝非独立的或孤立的。他们
在街上漫步，路过市政厅对面拐角处的房子，他们共同的
朋友威廉·冯·洪堡* 最近刚在这里安顿下来，接着又穿
过市场走了一小段距离。这次见面与他们此前的相遇完全
不同。

第一次见面是在 1788 年 9 月的鲁多尔施塔特，由席
勒未来的妻子夏洛特·冯·伦格费尔德促成。会面的过程
并不顺利。歌德本来就没抱很高的期望，他不太瞧得起席
勒的戏剧《强盗》。彼时的他还沉浸在意大利之行的印象
中，忙着研究植物的蜕变†，琢磨种子如何长出叶子、叶子
如何变成茎、茎如何结成果实，最后果实再次变成种子和
叶子。然而，正如他未能在巴勒莫的植物园找到所有植物
的原型一样，他也未能得到任何自然科学家的认可。此

---

* 1794—1797 年间，洪堡住在耶拿。1791 年，他和卡罗琳·冯·达赫
  勒登在爱尔福特成婚，接下来的两年住在她位于图林根的家族庄园里，
  因此他对萨勒河流域一带非常熟悉。
† 歌德在这次会面的二十三年后（1817 年）发表《喜事》（"Glückliches
  Ereignis"）一文，生动地描述了当时的情景。

时他不会想到自己竟会在席勒这里找到盟友。会面之后，他并无进一步了解席勒的兴致。

尽管席勒家离会议地点只有咫尺之遥，但他们花了很长时间才到达这里——谁也说不清到底过了多久。现在他们伫立在门前，仍在谈论自然及其与科学的关系。席勒又一次打开了门，这次是字面意义上的门，而歌德再次走进去。

古香古色的螺旋楼梯通向公寓。席勒和家人从施瓦本的老家回来后不久，就放弃了过去几个月居住过的位于茨韦岑街的花园住宅，搬进了这栋气派的三层教授住宅的一楼和二楼。面向市广场的山形墙装饰着简洁的里面。

公寓很宽敞。粉刷过的墙壁上挂着侧影。沙发和椅子上铺着条纹布。桌上放着杯子，书报散落四处。席勒在沙发上坐下来，为这次谈话的结果松了一口气，歌德则开始挥动着手臂，勾勒他对植物蜕变的看法。寥寥几笔，他就描绘出该学说的轨迹，让一株象征性的植物立时出现在席勒的眼前。席勒怀着钦佩和浓厚的兴趣，看着这位诗人同伴如何被自己的演讲吸引。但最后他还是摇了摇头：歌德方才在空气中描绘的并非经验，而只是一种思想。歌德突然停了下来。他们的分歧点已经确定。需要作出反击。歌德回答说，他很乐意自己在不知不觉间就有了思想；他的思想甚至可以用眼睛看到！席勒意识到自己只能同意。两个人都没有获胜的感觉，尽管他们在其他情况下都喜欢把自己说成无法击败的权威，但现在他们不是，不是这样的对手。他们之间的分歧已经"盖印封住"（besiegelt）。现在，两人都从对方的角度更为清晰地看到了自己的立场。

　　关键的第一步已经迈出。彼此之间的吸引力是如此巨大，他们希望今后能经常见面，继续交流经验和想法。有了这次不期而遇之后，他们似乎再也离不开对方了。协同工作创造了一种富有成效的张力，使他们各自都能集中精力。自那天起，对话就不曾中断，他们不再只是自己，而是变成了歌德 - 席勒的一半。自那时起，耶拿与魏玛仿佛门挨着门。

锤还是被锤

文学恶作剧

要么成为中产，要么成为人。在长时间不知道该如何面对自己和世界之后，克莱门斯·布伦塔诺对人生形成了非常清晰的看法。尽管只有二十岁，但他已经下定决心：他不打算成为一名商人、律师或医生。他拥有更高远的目标。他想写一部小说，将沉睡在他内心深处的天才激发出来。

自从选择了放弃传统职业道路后，他就断绝了与同学们的联系，把更多时间花在卡罗琳·施莱格尔的午餐聚会上。现在他与各式各样的人交往，感觉就像是为了补偿他在乏闷的学校环境中每天都不得不忍受的无理要求。在施莱格尔家，正式注册为医科学生的布伦塔诺遇到了著名哲学家谢林、神学家保卢斯、从哥廷根来访的翻译家格里斯、同妻子一起在耶拿过冬的诗人蒂克、著名自然科学家约翰·威廉·里特尔，以及谢林的拥护者亨里克·斯特芬斯。有时餐桌边会聚集十五至十八人。

　　为了招待她的客人，卡罗琳经常手忙脚乱。有时，都已经到了12点，她还不知道能把什么端上桌，便整点带皮煮土豆和腌鲱鱼，或者手头实在没有别的东西，就来一份很稀的炖菜。她尽可能随机应变。好在布伦塔诺等人不是冲着食物而来的，而是抱着交谈的目的——关于文学、自然科学或哲学的最新进展，以及绕不开的康德。卡罗琳永远知道如何在谈话陷入僵局时让它重新开始。

　　脑子运行的温度很高。思想涌上心头又消失。时间就像平底锅里的黄油一样融化。只有格里斯——当他像往常一样做白日梦时，卡罗琳会在午餐桌上喊他"格里斯特"——在人群中引人侧目地保持沉默。他听得多而说得少，尽管他是一个非常善于交际的人，一名更多以译笔来体现其才情的诗人，特别是在翻译罗曼语方面。到目前为止，他已将但丁、阿里奥斯托、塔索和卡尔德隆的作品译成德语。在这个领域，除了威廉，没有人能与他相提并论。

　　今天，这群人将矛头对准了他们最喜欢的目标之一，奥古斯特·冯·科策比。这位剧作家被他的戏剧在德意志的成功欺骗，以至于看不到自己那异常的平庸，被虚荣心怂恿，竟觉得自己能和歌德、席勒平起平坐？！在最新的剧作中,他对施莱格尔兄弟进行了正面攻击。剧作名为《北国的驴子，或今日教育》，在耶拿只会让人捧腹大笑："生存还是毁灭——自我还是非我——锤还是被锤[*]：这是个问题。"[†]其中一场关于《雅典娜神殿》的戏，以弗里茨进入疯人院告终。

《雅典娜神殿》的文本带着天才的印记，在科策比的笔下，却成了矫揉造作的和粗俗的。科策比发自内心地憎恶施莱格尔的圈子——不可理喻、自命不凡、受到革命精神的煽动；他还援引了来自柏林启蒙圈子的各种典型的指责。默克尔家族和尼古拉家族也参与到这场抹黑行动中来。据说，加里布·默克尔在柏林四处散布言论，称施莱格尔兄弟因为《雅典娜神殿》，受到了公爵的训斥。当天晚上，威廉和蒂克合写了一首论战十四行诗给默克尔，其中包括这样几句：

> 你从遥远的拉脱维亚来到这里，
> 难道只是为了四处泼洒人性的污秽？
> 回到你的祖国去制造乌烟瘴气。
> 杂志们，别对默克尔害怕不已！

《文学汇报》也密谋反对施莱格尔兄弟，刊登了尖刻的评论。该杂志曾经是康德主义的主要喉舌，堪称反对

---

[*] Schlegel（施莱格尔）有"锤子"之意。——译注

[†] 这句话引自"Schlegels Monolog nach Erscheinung des Hyperboreischen Esels"，这篇以匿名发表的文章嘲笑了弗里茨对原创性的沉迷。

教条主义的武器，但随着时间的推移，变成了怨恨的据点。总之，敌意是相互的。已经为该报撰写了近三百篇评论的威廉现在打算与之分道扬镳。

科策比的"驴子戏剧"让他们笑得合不拢嘴。即使是科策比嘲笑的目标弗里茨，也觉得非常有趣："那么驴子是什么呢？智者问道。一个长着无限的耳朵的有限之物。"利口酒不知在何时端上了桌。如果你想走自己的路，何必在乎世人怎么看。布伦塔诺兴高采烈地和其他人一道干杯：健康！ˣ 反正世人只会堵你的路。

◆ ◆ ◆

在午餐聚会中，有一个耶拿人是出了名的不受欢迎，那就是弗里德里希·席勒。每当话题转到他时，大家都会翻白眼。这让威廉有些不自在，因为正是席勒在 1795 年邀请他和卡罗琳来耶拿的。席勒在信中说，面对面交谈要比写信愉快得多。这封信是通过席勒在阿姆斯特丹的朋友兼资助人弗里德里希·克尔纳转交给威廉的，他从 1791 年起一直在那里做家庭教师，原本打算干六年——对于他的研究来说，这是一段相当不愉快的时光。

阿姆斯特丹没有公共图书馆，至少没有真正意义上

---

* 原文为法语。——译注

的，但他也没机会使用私人图书馆。弗里茨偶尔会寄给他一些新出的书和节选。但图书馆是不可或缺的；若没有这个，任何写作计划都不可能完成。威廉最容易接触到的是古希腊和古罗马人的作品，因为他的学生威廉·费迪南德·莫格·穆尔曼*是富商和金融家亨里克·穆尔曼的独生子，后者以艺术品收藏家的身份而闻名，拥有近两百幅画作，维米尔的《挤奶女工》和《花边女工》，以及一幅被归到伦勃朗名下的伊丽莎白·巴斯的肖像画†，便挂在他那位于绅士运河边的房子的墙上，而威廉也住在这里。

威廉在阿姆斯特丹过得很惬意。穆尔曼的业务扩展到印度和南美。每日从港口卸下的那些来自遥远异国的货物，其中有不少被送到了穆尔曼家中。威廉至少在物质方面什么都不缺，尽管龟肉酱的味道不伦不类，食之让人失望。

为了在学术界有所建树，他开始翻译荷兰语。他认为荷兰语极其粗俗、缺乏诗意，有点像低地德语，不过是一种外省方言，对于一位在古老而受敬仰的哥廷根大学受过训练的语言学家来说几乎是一种侮辱。他还写过一本关于英荷海战的书，本应是为学术界服务的，最终却以笔名

---

* 接受哲学家的教育对他很有好处，十三岁的他后来成为荷兰中央银行的行长。他不是第二个亚历山大大帝，但确实有所成就。
† 自1911年以来，这幅肖像被认为是费迪南德·波尔（Ferdinand Bol）的作品。

出版，因此没什么值得炫耀的。

可以想见，收到席勒从耶拿发来的邀请后，威廉是多么高兴。他与席勒还没有直接的接触，但通过弟弟弗里茨的介绍，他翻译的但丁作品的样章已经准备在《时序女神》上发表。《地狱篇》第一章开头那朴实无华的几行处理得极为妥帖：

Als ich die Bahn des Lebens halb vollendet

Fand ich in einem dunklen Walde mich

Weil ich vom graden Weg mich abgewendet.[*]

但丁谈到了所有的时代，所有自他那个时代以来发生的事件，尽管这些事件尚未发生。

如果你想在文学界制造点动静，耶拿似乎是一个不会让你失望的地方。歌德、席勒和费希特——威廉已经听闻许多有关他们的事，而现在他与这个世界建立起了联系。

席勒对施莱格尔兄弟评价很高，认为他们是德语文学和欧洲文学的优秀鉴赏家和出色的翻译家（特别是在翻译莎士比亚戏剧方面），同时还是渊博的语言学家。自

---

[*] 施莱格尔的处理很简洁，同时又能按照原诗那样押韵。这里无法援引已有的《神曲》中译本，而只能按照德语把意思译出："当我走完人生道路的一半／我发现自己身处黑暗的森林／因为我偏离了正道。"——译注

1789 年威廉首次尝试翻译莎士比亚以来，莎士比亚在德语中的面目愈发清晰。从《仲夏夜之梦》开始，紧接着是《罗密欧与朱丽叶》——但即使在《哈姆雷特》完成之后，仍有大量工作要做。而席勒希望与施莱格尔兄弟建立关系的主要原因之一是他为许多杂志工作，包括《塔利亚》《时序女神》《缪斯年鉴》，并为《文学汇报》供稿。这些杂志在整个德意志都有读者，它们使席勒得以维持生计。

到了 1799 年，他们最初的亲近感和共同点已荡然无存。对于席勒一再邀请自己为《缪斯年鉴》写诗，威廉感到很恼火。席勒还让歌德随意把一些威廉写给他的"小诗"交给自己；考虑到他们之间有些生分的关系，威廉难以相信席勒对自己的邀请是认真的。此事不了了之。

人们热衷于与歌德交谈，正如他们热衷于取笑席勒。他的《大钟歌》在 1800 年的《缪斯年鉴》上发表后不久就受到了群嘲，有的人笑得差点从椅子上摔下来。席勒写的东西夸张、陈腐、过时，十九节拼凑在一起的诗句中充斥着各种用荒唐的意象包裹着的胡言乱语：

> 妇女用恐怖行径取笑作乐
> 全都变得像鬣狗一样。
> 她们用豹子般的利齿，
> 撕碎敌人还在跳动的心脏。

这就是席勒眼中的革命。但开头的几行诗早已像耳虫一样钻进来，深深地烙在人们的脑海中，根本就无法忘记："用粘土烧制成的钟模，/ 在地下砌得非常坚牢……"它能让人抓狂。

相比于歌德，席勒实在是太过沉静和无趣。席勒刚写完《妇女的尊严》（1795）这首诗——同样遭到了群嘲——威廉实在按捺不住，立即写了一首戏仿之作：

> 你们要尊敬妇女！她们编织长袜，
>
> 毛茸茸、暖烘烘，能蹚过沼泽，
>
> 还缝补破烂的裤子。*

即使花上数年时间，席勒也不可能创作出歌德一个下午就能写出的诗，这是肯定的。他身上只拥有一点诗意的光芒。

不过你可得小心，不要把这讽刺诗乱传，让魏玛那边不该看到的人看到。再没有比这更糟糕的事：公开嘲笑席勒会危及你与歌德的私人关系。而施莱格尔的圈子把他们与歌德的友好关系，看得比任何文学上的恶作剧都重要。

---

* 席勒原诗与之对应的部分是："你们要尊敬妇女！她们把天国的玫瑰 / 织进人间的生活，使之成为点缀，/ 织出爱情的纽带"。——译注

◆ ◆ ◆

午餐结束后，客人们纷纷起身，回到自己的书桌前。布伦塔诺则去见比他大八岁的索菲·梅罗*，这位诗人和她的教授丈夫住在耶拿街，离洛伊特拉街仅有一箭之遥。这是他的一个新习惯。每天他都要和她在一起待几个小时。

洛伊特拉街的这几人分居于房子的不同楼层：多罗特娅在楼下，卡罗琳在她上面，威廉和弗里茨在顶楼的屋顶下。他们相约下午出去散步。只剩威廉在家里。他会在第二天跟歌德再次散步，歌德已与公爵商量好要延长自己的假期。第二年新版的《罗马哀歌》中仍有褶皱需要熨平。这位在世的最伟大诗人需要额外的古典主义，他在所有可挑的地方中，选择直奔这个"马蜂窝"（Wespennest）†。

散步的时间很长，从上午 10 点持续到中午 1 点。威廉会与歌德在萨勒河旁的大公园"天堂"，沿着菩提树下

---

* 她嫁给了耶拿法学教授弗里德里希·恩斯特·卡尔·梅罗。席勒很早就发现了她的天分，并将她的诗作刊登在《时序女神》上。

† 1798 年夏天，威廉把《雅典娜神殿》的头两期寄给歌德，并紧张地等待着魏玛的反馈。席勒在信中抱怨说，读这两期杂志让他感到"身体上的疼痛"，歌德却对施莱格尔兄弟赞不绝口，在 1798 年 7 月 25 日的回信中，称这两期杂志是"马蜂窝"，为其他期刊的平庸、"空虚和蹩脚"树立了"可怕的敌人"。

的两条林荫大道来回走，每次结束后，他都觉得自己的双腿快断了。在这之后，他会瘫在沙发上，听着弗里茨沿着楼梯跑上跑下的声音。*

---

*   前文已提及，弗里茨会第一时间把写好的诗行拿给住在一楼的多罗特娅看。——译注

从山上下来的老大师

与歌德在天堂

蒂克希望自己的东西能被人阅读，但不是任何人，而是来自魏玛的老大师本人。12月初，歌德再次造访耶拿，这对蒂克来说正是介绍自己新近完成的《吉诺维瓦》的好时机。在这部作品中，蒂克将同名的中世纪传说——对宗教、骑士精神和典雅爱情（Minne）的赞美——改编成了戏剧。一个被自己的时代背弃的人也可以背弃这个时代，回望过去与其说是为了回到过去，不如说是为了在内心的沉思中重获立足点。吉诺维瓦伯爵夫人虽因涉嫌不忠而被判处死刑，但她并没有丧失对更高命运的信心和信念，这样的故事无疑会给身处蒂克那个令人担忧的时代的读者带去安慰。

弗里茨和诺瓦利斯等人已经知晓《吉诺维瓦》。一个月前，蒂克在一次聚会上朗诵了这部作品，引发了朋友们的热烈讨论，令这个关系密切的圈子激动不已。威廉·海因里希·瓦肯罗德的宗教情感、弗里德里希·施莱尔马赫的直觉和感受，以及雅各布·波墨那奇妙的神秘主义：这部作品充满了文学引用和哲学典故，但读者很容易就能明白作者的意图。蒂克如释重负。

此前他主要写的是民间故事、小说和有关艺术理论的随笔，不包括任何狭义上被称为戏剧的东西。他以《蓝胡子骑士》《施特恩巴尔德的游历》《一个热爱艺术的修士的内心倾诉》为人所知。他曾与朋友瓦肯罗德一起写作并匿名发表随笔，但瓦肯罗德已于一年前死于斑疹伤寒症这种来自地狱的病。自此，蒂克就开始不停寻找与文学界的联系，并认为在洛伊特拉街找到了。

他从夏天起就一直住在耶拿。10 月中旬，妻子阿玛莉和不到半岁的小女儿多罗特娅也跟随他的脚步来到了这里。如果可以的话，他们至少会待到来年春天。

蒂克如今是卡罗琳午餐会的常客，他与新朋友们"共同作诗"（sympoetisiert），到了晚上还会朗读自己写的戏剧和诗歌。他在这幢房子的小宇宙里受到了欢迎，在这里，有时仿佛纯属巧合，整个世界似乎都在蓬勃发展。

蒂克欣赏友谊，但受不了对科策比、《文学汇报》和默克尔的不断辱骂，也看不惯卡罗琳和谢林之间无休止的来来回回。他会默默地坐在那里，等待一切结束。如果他并非这个圈子的密友，他很可能早就写出一部喜剧了：

素材已经绰绰有余。多罗特娅·法伊特却想着要用这些素材写一本小说，这实在是太无趣了！

　　尽管如此，诺瓦利斯和威廉还是代表蒂克联系了魏玛 *，为他提供了拜访弗劳恩普朗的机会。歌德立马就对他产生了好感，而蒂克也注意到了这一点。现在，老大师终于可以从文学的角度详细了解他，而且是通过一部类型完全不同的作品——不是童话或小说，而是五幕悲剧。

　　蒂克从年轻时起就盼着这一刻的到来。他的全部人生似乎都是为了见到歌德并给其留下深刻印象。现在他可以想象在魏玛上演一出由歌德导演的戏剧了。

　　他们约好晚上在耶拿城市宫的顶楼见面。仆人卡尔已经离开，只有他们两人在场。歌德坐在安乐椅上，面前放着一杯热巧克力，双腿裹着一件毯子。他们聊聊这又聊聊那，大多是关于莎士比亚的。蒂克问歌德是否喜欢本·琼生，几个月前他曾在魏玛向歌德推荐过。琼生可以说是他那个时代——伟大的文艺复兴时期——就重要性而言仅次于莎士比亚的剧作家。一个该死的家伙，一个真正的魔鬼，他的脑袋里藏着各种各样的诡计，是的，一个让人受不了的家伙。当歌德试图回避这个问题时——他仅略读了琼生的作品——蒂克也不知道为什么，觉得

---

* 　7月24日，歌德在魏玛接待了蒂克、威廉和诺瓦利斯，并在同一天写信告诉席勒，蒂克"乍一看还不赖"。歌德对他们的这次午餐显然很满意："他话不多，但说得很好，总的来说，让人很愉快。"

自己突然从歌德的面庞中看到了其笔下所有人物的影子：格茨、浮士德、塔索。*这种反应和多罗特娅的类似，她最近向他讲述了自己在公园里与歌德的生动邂逅。

接着，蒂克收到了可以开始的信号。他在朗读中慢慢地找到进入文本的方式，歌德在一旁全神贯注地听着，沉浸在每一个句子中。似乎只有通过朗读，这部剧作才能凸显其戏剧性，才得以最终完成。房间里充满了蒂克的声音，他再次证明了自己是一位多么有天赋的朗读者，一位真正的"朗读机器"†，正如卡罗琳、威廉、弗里茨和多罗特娅所熟知的。耳朵会跟着思考——直到一起来到文本的尽头：

> 他是如何创造的，我无法告诉任何人
>
> 我所感受到的，没有舌头能道出
>
> 他的天使所唱的歌
>
> 尘世的呼吸绝不敢再次唱出
>
> 就像在艰难而阴郁的冬日之后

---

* 鲁道夫·克普克（Rudolf Köpke）记录了人物形象的这种变形，他与蒂克的关系，就像爱克曼之于歌德。关于蒂克在弗劳恩普朗的房子里与歌德初次会面的情形，克普克如此描述："歌德活生生站在他的面前。真的是他：格茨、浮士德、塔索！但诗歌王国的君主，也以其威严，站在他面前。一见之下，他的心头就立刻被一种强烈的震撼笼罩。"

† 这是卡罗琳在 1799 年 11 月 4 日写给奥古斯特的信中对蒂克的描述。在德累斯顿的岁月里（1819—1841），蒂克利用他精湛的演说技巧来举办活动，定期在自己的周围聚集一群欢快的人。

想要冲破黑暗

春天在春天被点燃

又有一朵花从百花中袅袅绽放

◆ ◆ ◆

多罗特娅担心自己再也见不到这位老人了。其他人都认识他，一些人已经认识他很久了。卡罗琳第一次见到歌德还是在二十年前的哥廷根，威廉则几乎每天都和他一起穿过天堂公园。可她呢？没有见过歌德会很丢脸；这就像去了罗马，却没有亲吻过教皇的拖鞋一样。前不久蒂克还告诉她，如果能在耶拿见到枢密顾问会更好，耶拿的他和魏玛家里的他几乎完全是两个人。不过歌德每次来耶拿，总是和席勒待在一起，据说席勒已经决定离开耶拿了。多罗特娅对此一点也开心不起来。虽然没有人比她更受不了席勒，可如果他搬到魏玛，歌德可能就再也不会出现了。

但是现在，当她和朋友们沿着河边散步，为了从诺瓦利斯刚才的一席话中恢复过来——他提出了新基督教的理念，谈到天主教徒和新教徒如何以中世纪的精神重生——多罗特娅忽然觉得自己在明亮的午后点缀着浮云的天空中看到一个人。她吃了一惊。诺瓦利斯刚刚不是说过，对于真正的虔信来说，最不可或缺的莫过于连接我们与上帝的中间环节，即其感性的显现？

多罗特娅一路狂奔，弗里茨几乎跟不上。蒂克和威廉被甩在她身后几米远的地方，诺瓦利斯和他的弟弟卡尔则缓慢拖着步子茫然地跟在其他人后面。歌德试图避开朝他而来的这一队人马，但为时已晚。他迅速扫了一眼人群，大家纷纷向他致意。对于多罗特娅来说，现在要是能和歌德独处该有多好。

起初，她无法开口。但她又寻思着，不管说什么，说总比不说要好。于是她索性打开话匣子，最后讲起了萨勒河的激流与河上的木筏。

事实证明，歌德比她从别人口中听到的要来得更加亲和，甚至决定陪她攀爬他刚刚下来的山。他走在她身旁，迈着均匀而有些沉重的步伐，双手紧扣在背后。当他开始讲述本地的情况、萨勒河的流向以及撑筏人的工作时，从小在柏林沙龙呼吸着崇拜歌德的空气长大的多罗特娅——弗里德里希·尼古拉曾称她这样的沙龙女性成员为"歌德奴"——很难把注意力集中在他所讲的内容上。她的脑海中浮现出那些她熟记于心的诗，还想到他的小说《威廉·迈斯特》中的主人公，现在她觉得歌德甚至有点像他。她开始想象他笔下的所有人物都映现在他的眼中：格茨·冯·贝利欣根、浮士德、塔索。要是他没那么发福就好了。歌德已变得如此肥胖，甚至是臃肿，他看起来就像一位法兰克福的酒商。

半小时之后，谈话结束了，这对多罗特娅来说似乎

朱利奥·罗马诺，《奥林匹斯》，曼托瓦得特宫的穹顶壁画，1526—1535年（局部）

是永恒。当她握住他的手向他道别时，汗水像清汤一样从他的下巴滴落。

◆ ◆ ◆

　　房间里的寂静最终被午夜的钟声打破，仿佛远处正传来隆隆的雷声。当蒂克把手稿放在一边时，夜已经深沉。他俩都忘记了时间。

　　放在歌德面前桌子上的热巧克力已经变凉，牛奶上结了一层皮。透过虚掩的窗户，他可以听到钟楼的报时声。不是 10 点或 11 点，而是 12 点。当时间日复一日地以同样的方式围绕自身旋转，只有抵抗时间这种统治的东西才是真实的。

　　他们在一起坐了四个小时，其间有的只是蒂克的声音，以及圣吉诺维瓦的生与死。无论如何，第二部分只能推迟到第二天晚上，歌德说到时他们将不会孤单，因为他九岁的儿子奥古斯特也会加入他们。他提出了一些修改意见，但并不多；他喜欢这部戏。年轻的作者将这些建议记在心里。

　　蒂克道了晚安，他似乎也累坏了。他走进寒冷的夜风中，听到学生们在从酒馆回家的路上唱歌。

间奏曲

被推迟的世纪

多么令人振奋的想法：世纪之交将至，一个新时代即将开始。从礼炮的规格，到印在请柬上的措辞，再到教堂里的布道——一切都需要仔细斟酌。太疯狂了：7 要变成 8。

学术界爆发了一场关于新世纪究竟从何时开始的争论：是从 1800 年 1 月 1 日起，还是说 1800 年仍然属于旧时代？这场争论延伸到宫廷，成为当下的热门话题。一方认为，只要能在信纸上写下 1800 年，分水岭的时刻就已经到来；另一方则坚持认为需要等到 1801 年，世纪之交不仅仅是一个书写事件。

挺〇派（Nullisten）简直不敢相信自己的耳朵。什么，1？不，8 才是关键！1800 显然是从 8 开始的 *；一年

---

* 德语中，1800 为 Achtzehnhundert，以 8（Acht）为开头。——译注

之后，人们的手指就会习惯书写这个数字，嘴上也会习惯
说"1800 年"。任何人只要有半点头脑并且懂得生活中的
基本差异，就应该很清楚，1799 年 12 月 31 日午夜 12 点
的钟声，标志着一个只会发生一次的重大转折点。

　　这样的论点并没有动摇另一方，他们用一种截然不
同的吹毛求疵的方式来反驳。让我们假设 19 世纪欠 18 世
纪 300 塔勒。如果挺〇派的观点是正确的，那么根据这
一逻辑，19 世纪只需偿还 299 塔勒：任何将 1800 年视为
新世纪之一部分的人，也必须将第 300 塔勒算作接下来
的这个百年的一部分，因此，所欠金额也必须相应地减少。
19 世纪将骗取 18 世纪的 1 塔勒。这真的可以被视为历史
的公正吗？

　　争论就这样来来回回地进行着。一年前，约翰·克
里斯托夫·利希滕贝格在《哥廷根袖珍日历》上发表了他
在（虚构的）数字全体会议上所作的《关于数字 8 的演讲》。
委员会的主席是 0，永恒的女代理（Statthalterin）*。

　　会议的目的是解决何时为 19 世纪举行生日派对的问
题：是数字 8 进入百位的那一天（即 1800 年的第一天），
还是等一年之后，数字 1 进入个位（即 1801 年的第一天）？
数字 8 对这个问题一定很感兴趣；毕竟这关系到它再次在
百位上进行统治的第一年，这可是一项不怎么会被授予的

* 英译本处理成"永恒的占位符（placeholder）"。——译注

荣誉，上一次授予还是在九百年前，这也是从公元纪年
开始到它第一个统治期结束所经过的时间。一想到它可能
还要把自己的就职年交给上个世纪，而不是将之作为新世
纪的开端，它的心就在滴血。须知在新世纪里，行星的数
量将增加一倍，卫星和金属的数量将翻两番；国家之间
的空战跟过去的陆战、海战的比率将是 580 比 1；来自巴
黎和汉堡的新闻记者将把他们的多脚架望远镜对准天空，
看着像猛禽和云雀一样在高空翱翔的英雄和他们的歌颂
者从空中降落。*

关于世纪从何时开始的争议其实是个老问题。早在
一百年前，在邻近的大国普鲁士，各方同样抱着死硬的
立场，最终之所以决定 18 世纪从 1701 年 1 月 1 日开始，
仅仅是因为柏林的宫廷希望将国王的加冕和勃兰登堡的
崛起视为新时代的标志。18 世纪的第一个英雄壮举：一
个由腓特烈一世领导的完整王国的建立。1801 年 1 月 1 日，
由国王腓特烈·威廉三世和王后路易丝掌权的普鲁士举行
了加冕一百周年的纪念活动。罗马教廷也投票支持 1701
年。然而在法国，在革命历†已经实施八年之后，几乎无

---

* 利希滕贝格以非凡的远见预言了未来。行星的数量没有翻倍，但至少
  已知大型天体的数量在 19 世纪从 22 个增加到 31 个。国家间的空战还
  需要几十年才能发生，但在 1800 年前后看起来很牵强的一切，基本上
  都被证明是正确的。

† 又称共和历，元年始于 1792 年 9 月 23 日零点。雪月为 12 月 21 日至
  1 月 19 日。——译注

人关心这个问题。法国正处于"雪月"（Nivôse），共和国八年：自由、平等和博爱在法国大地上实行的第八个年头。

　　挺〇派这次再度落于下风，不得不屈从于对方的论点。要完成这一百年，一百年本身必须已经存在。午夜12 点的钟声并未宣告新世纪的开始，新世纪被推迟了。

创造历史

席勒和萨拉拿风暴

箱子已打包好，板条箱也装好了。过去的几周让席勒夫妇疲惫不堪。不只是因为搬家在即。洛洛在 10 月生产。孩子取名为卡罗琳，很健康，但她的母亲却失血过多，高烧不退，卧床不起，病情十分危急，医生差一点就要放弃抢救。好在她正在好转。实在无法想象如果她没能挺过产褥期，会是什么光景。

甚至在从勒布德格拉本的城市公寓搬到洛伊特拉河边的花园住宅时，席勒就已经在考虑再度搬家去魏玛，那里的空气更好，他希望获得更多锻炼身体的机会。这样做很大程度上也是为了离歌德和剧院更近一些。作为华伦斯坦三部曲的最后一部，《华伦斯坦之死》在这年春天上演并广受好评，在 7 月的时候甚至得到普鲁士国王和王后的热烈掌声，他们断然拒绝观看柏林的演出，认为只有魏玛才值得考虑。看到这样的成功，公爵希望席勒能在魏玛永久定居，最好是冬天到来之前就过去。而现在，他的第三个孩子降生了。夏洛特·冯·卡尔布在席勒还是曼海姆一名身无分文的剧作家时就认识他，她表示愿意为这家人提供一套位于温迪申街的公寓，家具很齐全。

于是，他又回到了宫廷，回到多年前他曾在符腾堡逃离的那种环境。他仍然清楚地记得 1782 年的那个夜晚：卡尔·欧根公爵为俄国大公保罗和他的妻子（公爵的侄女）举行庆祝活动，整个城市一片沸腾，放眼望去到处都是尊贵的人，烟花在斯图加特孤独宫上方的夜空绽放，而他，席勒，这位凭借戏剧处女作闻名全德意志的军医，却要将他酝酿已久的出逃计划付诸行动。在一个思想自由长期遭到剥夺的国度里，怎么可能写出伟大的作品？在人人都被快乐吸引的热闹气氛之中，他可以悄无声息地溜走。他的朋友安德烈亚斯·施特赖歇尔正准备去汉堡跟随著名的卡尔·菲利普·埃马努埃尔·巴赫 * 学习钢琴。席勒自己则想去曼海姆，他之前已经去过那里参加他的剧作《强盗》的首演，而这次，他打算向曼海姆国家剧院的艺术总监沃尔夫冈·黑里贝特·冯·达尔贝格展示他的最新剧作《斐耶斯科在热那亚的谋叛》。

---

* 巴赫的第三个，也是最有名的儿子。——译注

别了 *，别了。现在又到了他要离开的时候。去魏玛，去歌德那里，回到公爵的怀抱。

◆ ◆ ◆

没有什么是偶然的，绝对没有。吃下第一个墩 †的，是谢林。每个星期六，他会和席勒、尼塔默坐在一起，玩一种叫"奥伯尔"的纸牌，据说这种游戏源于 14 世纪的西班牙，有很多种变体，所以他们一开始很难就规则达成一致。

谢林在玩牌的时候鲜少说话。他不停地摆弄着他的手帕，然后面无表情地把牌放到桌子上。他和席勒之间几乎无话可说，那种在抵达当天就冲向席勒的热情已然退却。两人现在只是在打牌或是与歌德会面时才见面——席勒自己也不得不承认，这种有限的接触是"哲学的耻辱"。

除了纸牌，枢密顾问是他们唯一共同感兴趣的。这三人聚在一起时，一般会谈论自然科学，特别是磁学。他们最近还讨论了施莱尔马赫收在《论宗教》一书中的演讲。起初歌德还赞不绝口，一旦意识到这本书的结尾愈发偏向

---

* 原文为法语。——译注
† 墩（德语为 Stich，英语为 trick）指所有玩家在一个回合出的牌。点数最大者赢得所有的牌，即吃下一墩。下面提到的"奥伯尔"便属于吃墩游戏。——译注

基督教时，他就坚决否定了它们。

在最近的一次会面中，他们逐页审阅了谢林为《自然哲学体系初步纲要》所写的导言。这篇文字需要歌德全神贯注。每个方面都有很大的提高。无论如何，当席勒奇怪地保持沉默时，歌德却能说服谢林接受自己的方法。世界灵魂（Weltseele）与变形的概念逐渐趋同。这是一次小小的胜利，尽管谢林知道歌德不信任哲学，特别是耶拿盛行的唯心主义。

在这一次次的会面之间，席勒也没闲着。他的新作《玛丽·斯图亚特》是一部五幕悲剧，和华伦斯坦三部曲一样，汲取了丰富的历史素材。第一幕已经完成，第二幕也差不多了。不过，《缪斯年鉴》的工作如今占用了席勒的全部时间。他正需要玩牌来消遣一下。

当席勒和尼塔默从牌桌前起身时，谢林一改往日的沉默，变得欢快起来。他赢了一轮又一轮，连最后一轮也不例外。当一个人有足够的想象力，可以预见牌局可能出现的各种走向，并在恰当的时刻打出他的王牌，那么对他来说，没有什么是偶然的。

◆　◆　◆

1799 年 12 月 3 日，席勒携家人离开耶拿。这次是要永远地离开了。除了短暂拜访，他再也无法想象自己还会回来。他与歌德、魏玛、公爵之间的关系已经绑定。

对席勒来说，再也没有哪个地方比耶拿及其周边更有意义。自从十二年前首次踏入这座大学城，他就与这里建立了非常牢固的纽带。一年后，也就是 1789 年，他在格里斯巴赫礼堂发表的就职演讲受到了非常热烈的欢迎。演讲的题目本身就很有诗意："什么是世界历史？研究世界历史的目的是什么？"他清楚地记得走进礼堂的那一刻，由于他的前任莱因霍尔德的礼堂太小了，他们把活动地从约翰尼斯街的尽头改到了城市宫旁边。

透过窗口，可以看到成群结队的人沿着街道走来，一眼望不到头。幸运的是，格里斯巴赫的一位姻亲也在听众席中。他建议把场地换到另一个礼堂，于是壮观的场面出现了：所有人都沿着约翰尼斯街猛冲，这条耶拿最长的街道之一挤满了学生。他们拼命奔跑，只为抢到一个好座位。整座城市仿佛拉起了空袭警报。

过了一会儿，席勒在莱因霍尔德的陪同下，在大批学生的簇拥下走进大楼的内院。拥挤、冲撞和推搡不可避免。人群从窗台、前庭和走廊一直排到了前门。这是萨拉拿的一场风暴。

席勒谈到了历史问题，谈到了自己在历史中的位置。现在乃由过去的丝线编织而成，指向一个尚待创造的开放的未来。命运（Fatum）、复仇女神（Nemesis）和幸运女神（Fortuna）——她们那毫无意义的游戏结束了。历史

J.M. Moreau le J.t del.   N. De Launay Sculp.

Il retourne chez ses égaux.

Discours sur l'égalité des Conditions.

阿尔布雷希特·丢勒，《复仇女神或好运》，1501—1502 年

是自觉或不自觉地创造出来的。并无天意来决定人类是前进还是后退。18世纪初，维柯在他的《新科学》中就表达了这一观点：没有什么是永恒的；真理是创造出来的，历史也是如此。

席勒的话就像巴士底狱的风暴一样，给在场的人留下了不可磨灭的印记，他们发现自己正在见证一个新时代的到来。旧的形而上学对此一无所知，最终别无选择，只能屈服。随着席勒的出现，新时代第一次获得了一种意识，即现在得从过去的整体中来理解自身，但其视野在原则上是开放的，其未来是待定的。

1799年，当席勒在离别前再次站在阁楼的书房里，他最后一次凝视窗外的风景。近来，他在这个花园之巅度过了许多个夜晚，常常为了不被打扰而躲在这里工作。他让人把天花板装饰成天空的景象，并画上树枝和飞鸟：他的美景宫。

他手里拿着一个鼻烟盒，盒盖的中央饰有一个珍珠母圆盘和一个镀金圆环。这是父亲送给他的礼物。每当心烦意乱时，他就会闻闻放在立式书桌抽屉里的烂苹果——这是他养成的一种独特的习惯。

恼人的布道者

诺瓦利斯与未来的宗教

夏天的交际活动是一种,冬天的是另一种。到了晚上,弗里茨、威廉、多罗特娅和卡罗琳会聚在客厅的炉火旁。另一张较小的沙发是出版商卡尔·弗里德里希·恩斯特·弗罗曼送的礼物,就摆在壁炉的正前方。

蒂克挪到靠近瓷砖的地方。风湿病的反复发作使他的生活相当艰难,温暖对他有好处。弗里茨的椅子离炉火最远,他不停地对着自己的双手哈气,然后快速地揉搓。

这个冬天格外寒冷。不仅缺钱购买木材和其他物资,还缺乏信任。当卡罗琳因为与谢林暧昧而使夫妻感情产生裂痕时,弗里茨选择站在威廉这边。他的失望之情溢于言表:在相当长的一段时间里,他一直装作看不见,但到了某个时刻,他实在看不下去了;毕竟这事关他哥哥的生活。多罗特娅也觉得自己被卡罗琳欺骗了;她恼火于自己在晚餐和午餐桌上被这位周到的女主人迷惑，一言不发地忍受着一切。她对自己受到的热情款待过于感激了。

威廉则试图进行调解，以免双方关系变僵。无论他和卡罗琳之间发生什么，都不会改变他对她的爱。当然，他知道她不爱他，心里从未真正有过他，即使是在美因茨那件事过后，当她需要帮助的时候，他立即伸出了援手，也没能赢得她的心。他甚至帮她在狱中搞到了毒药，这样她就可以在必要时了结自己和女儿的生命。他也知道自己在别人面前显得很可笑，知道自己因习性和软弱的力量而受缚于她，但他乐于接受她的爱抚、亲切的话语或者使唤。他俩谁都没有试图澄清误会或发泄情绪。

也许弗里茨对这桩私通的不满，比直接受到影响的威廉更甚，因为他一直看不惯谢林。又或是因为如果他哥哥没有和卡罗琳结婚，他本想娶她来着？如果卡罗琳的丈夫换成他，大概就没谢林的什么事吧？他自己也不知道。

今晚客厅是休想暖和了，因为木材是定量供应的。当最后一根木柴扔进炉子时，火苗蹿了起来。

◆ ◆ ◆

自从去年在德累斯顿借着火把的光亮参观了古物收藏馆之后，他们还没有进行过如此长时间的聚会：弗里茨和多罗特娅、威廉和卡罗琳、诺瓦利斯和他的弟弟卡尔、谢林、蒂克，以及物理学家里特尔，都宣布要参加这场为期多日的会议。大家将阅读和讨论新的文本：宗教和霍尔贝尔*、电疗法和诗歌，一个五花八门的组合。

为了让客人们有在家的感觉，卡罗琳和多罗特娅提前把房子里里外外都收拾了一遍。她们甚至没能赶上威廉翻译的《哈姆雷特》在柏林的演出†。所有东西都洗得干干净净，换了二十副窗帘，换上新的沙发套——忙到快要累趴下为止。‡

卡罗琳想念她的孩子，善解人意的奥古斯特。这里的"孩子"是什么意思？不，她已经长成为卡罗琳的妹妹了。奥古斯特很早熟：她十二岁就已经在学希腊语，并开始读塞万提斯和莎士比亚的作品了。对卡罗琳来说，她是一位不可或缺的知己；若没有她，卡罗琳在美因茨早就疯了。奥古斯特已经前往德绍与蒂施拜因一家共度数周，除了早先在耶拿和她们住在一起的索菲，还有她的两个女儿卡罗琳和贝蒂，以及她的儿子卡尔。女孩们在一起的时光是神奇的：喧闹声此起彼伏，房间里乱糟糟，可她们的

---

*   可能是指卢兹维·霍尔贝尔（Ludvig Holberg, 1684—1754），被视为现代丹麦和挪威的文学之父。——译注

†   演出于1799年10月15日在柏林宫廷和国家剧院举行，由奥古斯特·威廉·伊夫兰主演。

‡   大扫除本该在9月底，也就是说，在多罗特娅到达耶拿之前就已经完成。之所以推迟到10月，是因为人们倾向于尽可能拖延这种事，尤其是考虑到"春季"大扫除是在秋季进行的。

脸上却容光焕发。她们一起创作音乐——卡罗琳和贝蒂表演咏叹调，并且和奥古斯特一起进行二重唱和三重唱。日子过得无忧无虑。奥古斯特得到圣诞节才能回来，但她的心一如既往地与母亲同在。卡罗琳竭力让自己振作起来。

11月11日，当诺瓦利斯和他的弟弟卡尔抵达时，房子已经变得几乎让人认不出——客厅打扫得一尘不染，房间收拾得整整齐齐，窗户上挂着洁白的窗帘。两人是参加完一场婚礼过来的，诺瓦利斯的妹妹嫁给了弗里德里希·冯·雷兴贝格，婚礼在离耶拿不远的施勒本庄园举行——庄园属于家族，由长子代代传。出于荣誉所需，长兄诺瓦利斯为婚礼致辞。

施勒本是一个令诺瓦利斯感到不安的地方。那里的一切都让他回想起自己已故的未婚妻索菲·冯·屈恩。在滕施泰特附近的格吕宁宫（他在莱比锡学习法律后的第一份工作就在那里）认识十二岁的她不久后，深陷爱河的他刊登了一则虚构的启事，宣布他将于1798年3月25日，也就是索菲满十六岁的一周后，在施勒本与她结婚。可等到这一天终于到来时，她已不在人世。一年前，一种恶性肝病给她的生命画下句号，留给他的是对爱的无限遐想，至今仍让他痛苦不已。围绕妹妹婚礼的所有事情都在不断地提醒他，这本可能是他的婚礼。

怀着这样的心情，诺瓦利斯来到洛伊特拉街，7月和9月的时候他曾在这儿待过几天。这次，他的行李中没有婚礼致辞；他将要谈论的是基督教，是未来的新宗教。

◆ ◆ ◆

　　开窗户！当诺瓦利斯令人窒息的演讲结束时，整间屋子里充满了焦虑的低语。听众期待的是更多不一样的东西。诺瓦利斯听起来却像是要回到早已过去的、早已被克服的时代：经过这么多年的革命战争，终于再次出现了稳定的和平；只有宗教才能唤醒欧洲，但并非任何宗教都可以，只有一种摆脱了新教和天主教之间灾难性不和的基督教才能做到。如今残破的历史将在一个"真正的天主教"时代达到顶峰。

　　诺瓦利斯是一位精神的先知，他试图将不可能变为可能，描绘绝对，为一个被冲突撕裂的时代带来和谐，而这一切都是通过言语的力量来做到。对他来说，言语意味着布道，意味着向四面八方传递信息。整个历史就是一部福音书，而他是它的使者。

　　施莱尔马赫那本备受讨论的《论宗教》启发了诺瓦利斯。在弗里茨向他强烈推荐之后，诺瓦利斯从 9 月中旬开始阅读这本书，并在拿破仑发动政变，成为终身执政官、法兰西第一共和国的绝对统治者的同一天读完。一个历史性的标志：在耶拿，一种新的基督教精神呈现在世人面前；在另一边，法国大革命的遗产正在一位篡夺者的手中消亡。自由对专制。对诺瓦利斯来说，毫无疑问，一种新的宗教将会降临，随之而来的是一个新的时代。

谢林认为这次演讲是一次巨大的倒退。他从中看到了自己多年前在图宾根抛下的一切：古老的迷信、传统的直接性学说，以及各种教条，都不约而同地让上帝作为一个独立的个体出现，端坐在天堂的宝座上。在听演讲的过程中，谢林几乎要发作。难道康德不是已经一劳永逸地表明，上帝的存在既无法证明也无法证伪，因而只能是一种理念，一种限制理性能力的概念吗？诺瓦利斯没有对站在新时代门槛边的当下作出诊断，而是懦弱地逃进了过去。

在其他方面与诺瓦利斯观点一致的蒂克也认为这篇演讲半生不熟，历史部分薄弱，结论武断。诺瓦利斯深入中世纪的世界，只是为了超越当下，展望一个不再被宗教改革造成的分裂和法国政治革命带来的混乱所困扰的未来。届时将只有一个基督教，一种支配一切的共同利益，一个主权国家。他的历史概述展示了过去的诸时代及其恶魔——教会对科学的压制，如何重新融入更大的历史进程之中。诺瓦利斯直接螺旋式地进入了黄金时代——可他怎么能简单地掠过革命年代的动荡，便宣称将有一位新的弥赛亚降临，将把人类赶进羊圈，为自然蒙上"美好的基督教"面纱？

够了，够了！当这群人还在一起时，谢林会写一首诗来回应诺瓦利斯。这首戏仿诗也针对施莱尔马赫，以《海因茨·维德波斯特的伊壁鸠鲁式信仰告白》为题。维德波斯特这个人物取自纽伦堡工匠歌手汉斯·萨克斯的一首箴言诗，是顽固不化的恶习的化身。谢林的维德波斯特代表了一种自然主义的世界观，而诺瓦利斯越是偏向相反的方向，越是信仰天国的权威，这种世界观就越夸张。它是具体的、大众化的。维德波斯特会唤起原始的感性，尽管还没有达到伊壁鸠鲁的程度，但就谢林而言，这不是重点，至少不是唯一的重点；重要的是夸张、戏仿、论战。

为了与萨克斯的历史模式保持一致，这首诗采用双行押韵体（Knittelversen）写成。这种起源于中世纪的打油诗，谢林是从歌德那里学来的。在关于自然哲学的对话中，歌德曾提到他又开始创作《浮士德》了，而汉斯·萨克斯严格的双行押韵诗可用于戏仿，以让人物粗俗而真实地表白其生理需求：口渴、饥饿和性欲。因为注意到"Knittel"这个词与"棍棒"（Knüppel）发音相似，所以谢林的唯一规定是，两句连续的诗必须押韵，这样就不会打击到读者。

让大自然再次焕发生机的
是一种力量、一个生命、一次脉动 *

---

* 原诗中，"脉动"在"生命"前面，但为了和接下来的一行押韵，进行了移动。——译注

是阻碍与追逐的相互作用

下午剩下的时间，他们都在河边度过。天气晴朗，萨勒河涨水了。得出去透透气。

没有疆土的统治者

光荣逃亡者家族

双手叠交背在身后，上身前倾，身体重心从一条腿转移到另一条腿，以改变节奏，臀部发力。从日出到日落，滑冰者在萨勒河上来回穿梭。很难想象，从中可以看到歌德的身影。这位枢密顾问身披长斗篷，头戴三角帽，扎着硬辫子，看起来很庄重。他在满是羊毛帽的人群中绕来绕去，掠过略高于冰面的枝叶，随时准备抓住冰球，样子显得有些笨拙。

在耶拿，他尽可以沉浸在这种轻松的乐事中。年初那个把他从魏玛吸引到这里的计划进展得很顺利。席勒和威廉陪在身边，让他获得了新的灵感。《浮士德》的创作进入佳境，《穆罕默德》的翻译也是如此，公爵希望魏玛的剧院能够将伏尔泰的这部世界名作搬上舞台，从而再创辉煌。但这并非易事。与伏尔泰相反，歌德将穆罕

弗里德里希·普雷勒尔,《在施万湖草地上滑冰》,1824 年(局部)

默德视为富有创造性的天才而非狂热分子或骗子。因此,他在翻译过程中必须加以平衡。

歌德本可以拿出更多的作品,但他常常被各种请求包围。在耶拿,就像在其他地方一样,每个人都在这样或那样的事情上寻求他的意见。作家和学者们像卫星一样绕着他打转,仿佛他是他们的恒星,是他们的太阳,直到他被这种不想要的关注弄得头晕目眩。当一大群彗星向他逼近,就像上个月发生的那样,情况就变得更糟糕了。他再也躲不开这群人,特别是摩西·门德尔松的女儿,她显然也是在几周前抵达的耶拿。在日记中,他选择不提及与多罗特娅的相遇:"中午出去散步。天气又变得很好。"

现在，他要决定两篇在圈子里引起激烈讨论的文章是否应该在《雅典娜神殿》上发表，一篇是诺瓦利斯关于欧洲统一的瓦解和基督教未来的演讲，一篇是谢林对这次演讲的抒情戏仿。威廉的弟弟甚至提议应该挨着发表，因为他认为，争论是思想的一部分，矛盾是一切生命的动力。多罗特娅显然坚决反对放在一起发表。威廉不想在没有添加注释的情况下收录这首诗，但谢林强烈反对这种方案。蒂克则置身事外；他倾向于与其他成员保持距离，形成自己的判断。

由于他们无法达成共识，他——歌德——将不得不裁决此事。在意见产生严重分歧时，他们总是请他来调解。他简直受不了听他们继续高喊"歌德万岁"。

◆　◆　◆

随着圣诞节临近，洛伊特拉街 5 号的居民们决定互赠诗歌作为礼物，这是他们在当前状况下所能想到的唯一办法，况且这种礼物很充裕。

好在奥古斯特已从德绍回来。她离开耶拿已八个星期，这是母女俩第一次长时间的分别。她的生活发生了许多变化。原定于复活节举行的坚信礼已经在德绍举行。她在音乐训练方面也取得了长足进步，但令人遗憾的是，由于谢林的自然哲学之争在胡费兰编辑的《文学汇报》上闹得沸沸扬扬，她不得不与这个法学家的家庭断绝往来。

格里斯之前一直是在胡费兰家里练钢琴，并在他的妻子威廉明妮唱歌时为她伴奏。

洛伊特拉街 5 号的这群人甚至不再像往常那样谈论时尚、正式舞会或家庭琐事。他们比以往任何时候都更加与世隔绝，不得不留心别人说了些什么，以及对谁说的。

自奥古斯特回来后，只有一点没有改变，那就是家里的每个人都爱她、宠她、呵护她。无人能够抵挡得住她惹人喜爱的一瞥，她的聪明才智的非凡魅力，以及她那蕴藏着无数微妙智慧的孩童般的好奇心。

谢林在平安夜送给她一首小诗和一条绿腰带。现在看来，他似乎也在追求这个十四岁的女孩。他们的年龄差并不比他和她母亲之间的大多少。他也送了卡罗琳一份小礼物，包括一对手镯和几行诗。礼物虽小，但在当时的情况下，意义重大。

能在洛伊特拉街如此平静地度过平安夜，很大程度上要归功于歌德解决了诺瓦利斯和谢林之间的争辩。不消一会儿工夫，他就做出了裁决。毫不意外的是，这是一个所罗门式的判决 *；这两篇文章都不会刊登在《雅典娜神殿》上。关于无神论的争论在耶拿发生一次就已经足够了。费希特夏天被解雇一事，对歌德来说还记忆犹新。

---

* "所罗门的判决"是一个谚语，出自《圣经·列王纪》。所罗门王通过宣布将活着的孩子劈成两半，每个母亲得到一半这种公平而可怕的解决方案，鉴别出谁才是真正的母亲。——译注

　　这一旨在取得平衡的裁决多少让人松了口气。对《雅典娜神殿》的外部敌意已经够多了。现在不要把自己搞得四分五裂无疑是上策。

　　在朗诵完诗歌、分发完小礼物之后，大家陷入短暂的沉默。如今，他们已经属于"光荣逃亡者家族"，这是弗里茨和多罗特娅还在柏林时，先知先觉自封的称号。费希特会在离开五个月后来到耶拿，就在席勒离开耶拿前往魏玛的第二天，可他的到来并没有改变这一点。他此次前来只是为了卖掉房子，接妻儿回柏林。不过，他已经开始宣传自己的新计划。他想创办一份杂志，叫《批判研究所》（Kritisches Institut）*。可他们的分歧太大：费希特设想的是一个架构清晰的组织，施莱格尔兄弟却只能以一种冲动和碎片化的方式工作。是的，杂志本身很好，但费希特最好还是去找其他的合作者。弗里茨和威廉把自己定位为"共和主义者"，而费希特是小"君主"。他们同为统治者，没有疆土的统治者。†

　　如果有架钢琴也不错，可以来点音乐。前些天，当大家围坐在火炉旁时，蒂克引用了莎士比亚的一句话‡，是

---

* 有趣的是，弗里茨和威廉刚向费希特提议创办一份新刊物。在平安夜的前一天，费希特写了一封信，提出了一项行动计划。
† 1 月 16 日，在抵达耶拿三个月后，多罗特娅给施莱尔马赫写信，把他们共同居住的地方描述为"充斥着独裁者的共和国"。
‡ 这句话由路德维希·蒂克的女儿多罗特娅·蒂克译成德语，当时她只有半岁，可能正舒服地躺在壁炉旁的摇篮里。

怎样说来着："我的头脑永远不会被疑虑所困扰，我的心灵永远不会被恐惧所震荡。"*可还没等弗里茨和多罗特娅完全融入耶拿的生活，耶拿的上空就开始阴云密布。

◆ ◆ ◆

1799 年 12 月 31 日，在魏玛的维图姆斯宫，一群业余爱好者在安娜·阿玛利亚公爵夫人面前表演了奥古斯特·冯·科策比的滑稽剧《新世纪》。科策比本人也参与了演出。似乎嫌先前宫廷里关于新世纪开端的辩论还不够，这部剧把这个争论又讲了一遍：富商韦尔霍夫的女儿威廉明妮多年前曾向乡绅施马尔鲍赫许诺，将在旧世纪的最后一天答应他的求婚。威廉明妮希望推迟一年答应，因此她主张将 1801 年作为新世纪的开端。与此同时，她的父亲希望施马尔鲍赫的父亲在新世纪的第一天偿还贷款，所以他与女儿发生了争吵。老施马尔鲍赫也很纠结：一方面，他希望儿子能尽快步入婚姻的殿堂，这样他就有足够的钱来还债；可另一方面，一位算命先生预言他将在18 世纪的最后一天死去。那么，他应当作何选择呢？

最终，没人在乎。盛大的庆典被推迟到了下一年。

---

* 《麦克白》第五幕第三场。译文据朱生豪。需要说明的是，译文中含有互文的修辞手法。——译注

第三部分　躁动的世界精神

菜农与学者

对深渊的猜想

弗里茨走上讲台时，只带着一张小纸片，上面写着 +、=、√ 等数学符号和各种涂鸦。这是他在自己的笔记本中采用的一种记事法，里面有许多凝练的表述和反复出现的想法。

弗里茨总是急于赶在到点之前完成他的演讲。"先生们，我现在简要总结一下我们深思后的结论：你们要全身心地投到魔法中去！"有一次，他如此结束道，连看也不看就冲下讲台，结果撞上了一根柱子。那一刻并没有魔法。

学生们的反应各不相同。许多学生被他的钻牛角尖、好争论和自相矛盾弄得招架不住。这颗聪明的脑袋里可能酝酿着数以千计的想法，但在听众看来，他缺乏清晰表达的能力。谢林的某些观点对他们来说已经见怪不怪，但弗里茨的表述还是过于玄远。鉴于所有的哲学事实上都是在无穷尽的矛盾中发展起来的，他们该如何理解矛盾律没有绝对的有效性？逻辑学确实对应于某种思维形式，但真理的来源，即真正的形式，需要在更高的层次上加以评估，这就是为什么哲学的第一个问题，即确定哲学本身的性质，无法通过精准地确定它来解决，因为这终究只能导致一种定义，而定义顾名思义是死的。你得试着理解接受这个想法。

弗里茨没什么在外的名声，只能设法靠自己撑场面。他的就职演讲只有不到八十人聆听，远不及席勒、费希特或谢林。他的风格全然不同，属于即兴发挥。工整的手稿是不必要的，他对此也不感兴趣。没有席勒式的诗意注解，也没有费希特式的结尾呼吁，更没有谢林式的感染力，弗里茨拒绝故作正经。对他来说，哲学是从试验中获得生命的，任何想要进行哲学探讨的人都必须重新开始。

只有在偶尔的情况下，弗里茨才能打动学生，用他的思想点燃他们的热情。于是，下一次的礼堂就会座无虚席——但过了一会儿，听众席再次变得稀稀落落。他无法完全摆脱作家的角色。他仍需学习以一个学术演讲者和教师的身份出现在公众面前，即使他已经看到自己讲课效果不好的原因：他的听众太愚蠢，根本无法吸收他崇高的观点。

弗里茨宣布，他将在 1800/1801 年冬季学期开设两个系列讲座："先验哲学"是私人性的，而"论学者的使

命"*将面向公众开放。私人讲座收取的费用让他可以维持
一段时间，尽管跟他付出的精力和时间很难成正比，尤其
是考虑到他为了取得博士学位而花了那么多钱。多罗特娅
希望，他们最晚能在圣米迦勒节之前回本。前提是弗里茨
不要因为觉得讽刺而撂挑子。

与此同时，弗里茨听闻谢林受到了忧郁这种甜蜜毒
药的重击。自谢林从巴特博克莱特回来后，他们俩还没有
在卡罗琳不在场的情况下碰过面。

◆ ◆ ◆

在决定去下弗兰科尼亚的疗养地这件事上，谢林没
少在暗处使劲。在相当长的一段时间里，他一直打算去
班贝格附近的医院看看，那里的两位医生——阿达尔贝
特·弗里德里希·马库斯和安德烈亚斯·勒施劳布比德
意志其他医生都更严格地践行了苏格兰医生约翰·布朗
的方法。这种方法十年来一直吸引着整个欧洲的注意力。
按照所谓的"布朗氏学说"，疾病只不过是神经兴奋偏离
了平均标准。一个极端是兴奋度太高，另一个极端是兴奋
度太低。而健康就是在刺激与易激动性、虚弱与发热的体

---

* 施莱格尔的讲座题目与费希特第一次演讲的题目相同，当然并非巧合；
  毕竟，他决心登上先验哲学的奥林匹斯山。遗憾的是，他的讲稿没有
  留存下来。

力消耗之间的平衡。

　　那年春天，卡罗琳患了一场重病，恢复得很慢，病情的复发一次次把她送回到床上，时不时还变得十分危急，而布朗氏学说是唯一有效的治疗方法，现在似乎是将两个目标结合起来的好机会：谢林答应马库斯和勒施劳布在班贝格举办私人系列讲座介绍他的自然哲学，而且他的请假已经得到大学的批准。何不让卡罗琳去巴特博克莱特疗养和继续治疗，并在班贝格稍作停留呢？即使是医学界的名人、布朗氏学说的公开反对者克里斯托夫·威廉·胡费兰，也支持让他的病人去疗养地。一旦胡费兰承认他的疗法不起作用，谢林就说服他尝试这种方法。于是，他给卡罗琳用了挥发性兴奋剂和持续不断的补药、匈牙利葡萄酒、营养丰富的奶油和滋补的浓汤。事实证明，歌德收藏的葡萄酒效果特别好。仿佛是奇迹一般，病人突然好转了。

　　谢林并非现在才开始盘算离开耶拿的可能性。自从弗里茨在争夺卡罗琳这件事上站在威廉一边后，他的处境就变得很别扭。拉开一段距离，多些和平与安宁，肯定对所有人都有好处。他甚至问费希特是否可以考虑跟他一起走，而不是留在既看不到任何具体的前景，也没有稳定生计的柏林。在班贝格或维尔茨堡，他们可以一起取得更大的成就。虽然班贝格因其天主教色彩浓厚而声名狼藉，连启蒙运动也对其敬而远之——这座城市以菜农而非学者闻名——但他并不非得留在那儿。如果一切顺利，谢林甚至可以在第二年搬到维也纳。他也把这些计划透露给了卡罗琳。

5月5日，卡罗琳和奥古斯特在威廉的陪同下出发了。谢林正在萨尔费尔德等着，他提前了两天动身，以免让人觉得他们是一起逃走的。阳光明媚得仿佛寒冬从未来过——如果天气不好，医生是不准卡罗琳离开病床的，她的脚还是使不上力。到达萨尔费尔德后，威廉一言不发把母女俩交给了他的情敌。他的心思已经飘到莱比锡的书展上去了。

马库斯医生受谢林之请，帮他们在班贝格寻觅住处。对卡罗琳来说，最好是有三间带简单家具的房间，一间当起居室，一间当她的卧室，还有一间属于奥古斯特。理想状况下，应该有一个女仆的房间，或者，如果需要的话，可以把客厅旁边的一个狭窄的地方弄成一个凹室，里面放上一张床。谢林自己则只需要一间明亮的起居室和一间小卧室。如果可能的话，所有房间都在一层楼。带小花园的房子也不是不可以，只要位置好就行。无论谢林在提出他的要求时显得多么谦虚，他其实是很挑剔的。旅馆被排除在选项之外，即使是临时过渡也不行。他似乎想和卡罗琳母女一起在班贝格永久定居下来。

◆ ◆ ◆

弗里茨在公开的系列讲座中取得了更大的成功，他试图对抗这个时代将艺术和科学割裂开来的倾向，这种割裂会分裂实际上将二者联系在一起的庞大知识群体——哲学家、学者和艺术家。无论你看向哪里，都存在着中间环节和相互作用，一切都处于过渡之中。每个人都对整体有所贡献：哲学家发现思想，学者发展思想，艺术家描绘思想。他们都朝着共同的目标努力，那就是无限。迷信、邪恶和不幸的根源在于对有限性的迷恋。

8 月，弗里茨凭借其对古代文学的造诣，通过了口头论文答辩获得博士学位。由于《雅典娜神殿》的最后一期已经出版，他实际上可以想象自己成为一名教授的情景了。在此之前，威廉每次提出这种可能性时，他都不要听：国家任命的学者的职业道路与自由撰稿人的生活并不协调。但事实证明，靠写作谋生的计划比预想的更难实现。

在 10 月中旬的一场试讲后，弗里茨获得了正式任命。全院的教员都出席了这场题为"论迷狂"的讲座。弗里茨提出的论点正是其思想的核心，诗与哲学绝非相互排斥，相反，它们在迷狂（Enthusiasmus，神灵附体）等状态中互相渗透。柏拉图很久以前就在《伊安篇》中写道，迷狂使我们能够参与一种超越对立面的隐蔽的必然性。诗歌和哲学共同将人类精神提升到更高的甚至最高的境界：

诗歌，通过感受概念的尖锐性；哲学，则通过形象语言的弹性，从反思那贫瘠的有限中解脱出来。只要人仍受制于概念思维，他就无法写诗，正如只要他在白日仍痴痴地做梦，就无法思考一样。这就是为什么柏拉图让诗人像蜜蜂一样，在缪斯的花园和小树林里嗡嗡作响；诗人是轻盈的、长着翅膀的、神圣的存在，他们只有获得灵感、内心不再有理性居住时，才能够写出诗歌。

弗里茨展现了一个完全不同于城邦思想家的柏拉图。城邦思想家柏拉图指责诗人撒谎，因为与哲学家形成鲜明对比的是，诗人只是模仿者，对真实的东西一无所知。施莱格尔笔下的柏拉图深谙想象力和诗歌在塑造人类存在方面的力量。他把迷狂描述为一种使人看清本质的狂喜状态，一种诗意的陶醉和哲学的清醒并存的对话，以及一种神赐的礼物——施莱格尔也接受了这种想法。一个人只能被带入或推入这种状态，而不是自己走进这种状态。对施莱格尔来说，灵感、启示、富有创造性的失常，尤其是爱，从根本上都是无法解释的。

施莱格尔与他的对手谢林在许多方面都意见一致。就在一年前，谢林发表《先验唯心论体系》，对自己的思想进行了迄今为止最完整的呈现，其中也认为艺术是思想的最高成就。在谢林看来，美感直观是一种无意识的精神活动，它引发了自由与机制之间的冲突，堪称整个哲学的顶峰和基石。先验哲学和自然哲学是一体两面的；

前者从自我走向自然，后者从自然走向自我。艺术则通过让感知主体在美感直观的对象（即艺术作品）中意识到自然的必然性与自由、理论与实践的一致性，最终克服了自我与自然之间的对立。在艺术媒介中，精神可以把握自身的统一性和矛盾性。在无意识的艺术创作中，过去和未来变得对现在透明。艺术是哲学唯一真正的工具和证书。*

　　然而，当谢林试图将其哲学的所有部分整合成单一的体系时，施莱格尔却坚持认为，每个体系都必须具备不断削弱自身的能力，否则就会变得陈腐和抽象，成为一组毫无生命的齿轮。哲学必须始终为迷狂和怀疑留出空间。对于精神来说，非体系和体系都不可或缺；二者必须辩证地结合，然后再分离。迷狂和怀疑是推动哲学一步一步、一个时代一个时代地走向完成的动力。对于施莱格尔来说，诗歌与其说是一种知的形式，不如说是一种生活方式，需要日常训练。虽然精神的生活在艺术中得到了满足，但与谢林形成鲜明对比的是，他并不认为艺术是最高的荣耀。艺术并非单一主体的产物,该主体在美感直观的瞬间，上升为整个人类的象征，而是来自许多主体，其中充满着

---

*　谢林在《先验唯心论体系》关键的第六章中指出：“如果美感直观不过是业已变得客观的先验直观，则显然可知，艺术是哲学的唯一真实而又永恒的工具和证书，这个证书总是不断重新确证哲学无法从外部表示的东西，即行动和创造中的无意识事物及其与有意识事物的原始同一性。”（译文据石泉、梁志学）

日常实践中的合作与对立。

然而，弗里茨在他的公开讲座中并没有像柏拉图的蜜蜂那样嗡嗡作响。要想在学术界出人头地，优雅的克制是明智的。这正是他的打算。弗里茨下定决心超越谢林。

◆ ◆ ◆

博克莱特疗养泉的历史悠久。1720年，一位名叫约翰·格奥尔格·舍佩纳的牧师在散步时发现一处泉眼，并自费将其开发利用。从那时起，富含矿物质的泉水就一直吸引着客人们前来疗养。

起初卡罗琳和奥古斯特是在班贝格度过的，因为巴特博克莱特的客房正在装修。整整一个月后，她们才来到矿泉疗养地。不久，一件意想不到的事情发生了：就在卡罗琳不断好转，并且看起来快要完全康复之际，奥古斯特却病倒了。她的情况似乎很不妙。医生的诊断结果是痢疾。

谢林刚刚探望父母归来。他的弟弟戈特利布是帝国军队的一名中尉，年仅二十二岁便在热那亚城外的战斗中阵亡。当时奥地利正试图将法国人赶出意大利。他们在热那亚取得了胜利，但仅仅十天后，在北边的马伦戈，他们就吃了足以决定整个战局的败仗。在卡罗琳和奥古斯特前往巴特博克莱特之前，谢林去到斯图加特附近的小村庄绍恩多夫，陪伴父母度过这段艰难的时光。这是一次慰问之行；他与弟弟并不怎么亲。

当谢林回到巴特博克莱特时，他发现卡罗琳已然痊愈，奥古斯特却躺在病床上。眼前的景象让他大吃一惊：她脸色苍白，瘫软无力，发着高烧，而在班贝格的时候，她的精力还那么充沛，不仅陪着卡罗琳和谢林游览法国花园，还结识了勒施劳布、马库斯以及城里的上流社会成员。

饶是如此，谢林对奥古斯特的康复充满信心。他建议根据布朗氏学说进行治疗，并辅以鸦片。巴特博克莱特的医生们也表示赞同。对母亲有效的方法肯定也会帮到女儿。

◆ ◆ ◆

10月1日，在离开德累斯顿开始新生活两年后，谢林再次前往耶拿——这次是从班贝格出发——他深知一切已和过去不同。就在昨天，他和卡罗琳一起去到巴特博克莱特那小小的村庄教堂墓地，在墓前献上了鲜花。从这里可以看到整个与世隔绝的山谷，以及这个不起眼的温泉度假村的全景。墓地很简朴。墓碑提供了必要的尊严。*

谢林还是想不通过去几个月发生的事。先是卡罗琳

---

* 为奥古斯特设计一座庄严纪念碑的愿望，变成了一项漫长的工作：歌德、蒂克、约翰·戈特弗里德·沙多、约翰·多米尼克斯·菲奥里罗、海因里希·迈尔、歌德、克里斯蒂安·弗里德里希·蒂克和贝特尔·托瓦尔森都曾参与其中，但时至今日，奥古斯特墓前只是一块简单的石头。

患重病，接着是奥古斯特。一个像她那样朝气蓬勃的女孩
怎么就死了呢？他怪自己没有竭尽全力，未能及时化险为
夷。在这个生机和健康本该从大地涌出的地方，最无忧无
虑的生命却走到了尽头。

　　谢林和卡罗琳尽可能久地留在班贝格，以便把事务
处理妥当。威廉和胡费兰都来了，格里斯也前来吊唁。奥
古斯特突然离世的消息很快就传开了。每一位认识她的人
都深感震惊。时间转瞬即逝。要是它能慢下来该多好。

　　随后，在马车上的无休止的等待又开始了，就像以
前一样：每隔几英里就会有一个村庄从地底冒出来，仿佛
纯属偶然地长在那里。乡间道路一片荒凉。路面坑坑洼
洼，泥泞不堪，很考验车夫的技术，经常得擦着危险而过。
驿车的速度也就不可能快到哪里去，甚至还不如步行，一
天走不了四十公里。谢林又和格里斯在一块了，他们的友
谊是在一切都显得那样无忧无虑的时候开始的。他们疲
惫不堪却又无法入睡，只好试着静静地读书。他们听着车
轮声和带节奏的马蹄声，时间在这短暂而沉闷的永恒中，
融化成不可名状的团块。

　　谢林决定暂时放弃前往维也纳的计划。耶拿现在需
要他。弗里茨迄今为止主要在搞文学理论的研究，却宣布
将在这个冬季学期开设关于先验哲学的讲座：真是岂有
此理！先验哲学显然是他——谢林——的领地。谢林绝
不允许这个半吊子用他那无休止的迷狂摧毁自己和费希

特打下的坚实基础。本来"施莱格尔家族的讽刺"就让他一直很反感。哲学不应止于讽刺，而必须形成一个体系。自由和必然性相互交织，而哲学必须证明这一点。它得像数学一样，以一种结构化的方式进行。

由于天气恶劣、道路湿滑，他和格里斯费了老大劲才抵达耶拿，但此时的他已不复先前的热情和乐观。他们下车后，市政厅的钟声响彻整个集市广场，总共敲了十二下。他不禁抬头望向塔楼，大钟每敲响一下，那里就会有一个奇怪的塑像张大嘴巴，要去抢夺一位朝圣者法杖上的金球，而在另一边，一位天使则敲响了小钟。

在抵达后的第一时间，谢林就匆匆穿过这座城市，一心想见到席勒。车轮转动的声音、牲畜的咕噜声和咯咯声在他的耳畔响起。他最终见到了席勒，就在他们上一次告别的地方，当时他们曾表示希望很快与歌德在他那位于洛伊特拉河畔的花园住宅重聚，他们的新开始已初显成功的迹象。他们讨论自然科学和歌德的色彩理论时，发现自己换成了口音很重但让人自在的施瓦本方言。午后的时光在前方铺展开来。革命可以开始了。

现在，整件事对他来说几近愚蠢，就像一场梦。当萨尔费尔德从茂密的树林中浮现在他们面前时，他几乎不敢相信还存在这样的田园风光。谢林在班贝格失去了一些对他来说很珍贵的东西。如果稍有不慎，其他的东西也会被夺走。他必须捍卫自己在讲台上的地位。

沉重如铅的时刻

遭受攻击的谢林

卡罗琳在耗尽所有力气后病倒了。她和威廉从班贝格来到不伦瑞克，投奔她的妹妹路易丝·维德曼。他们打算在这儿过冬，暂别伤心地。奥古斯特的死对她的打击很大。女儿对她来说不仅是宝物，更是她的一切，是她生命的支柱。只要上天愿意，她就会继续这样生活下去。她所希求的只是和平与安宁。

她很清楚谢林的心境。他的信中充满着深沉的忧郁。他的痛苦程度当然远不及她，但与他不同的是，她已经重新打起精神，从铅一样的疲倦中苏醒。身为母亲，她仍能感觉得到奥古斯特在她身边。一闭上眼睛，她就能看到奥古斯特在她面前，梳着辫子，穿着飘逸的裙子，在房间里跳来跳去。是的，只要她还想着奥古斯特，她心爱的孩子便一刻也不曾离开，而被所有人抛弃的谢林却如同坠入漩涡一般，在神圣的悲恸*之中越陷越深。

那是一段艰难的时光。照顾自己都来不及的她突然不得不先照顾谢林，而按理本来是由谢林来照顾她这个刚刚失去孩子的母亲。但卡罗琳觉得这是自己的责任。谢林需要有人来支持他，他人的鼓励将会让他恢复自信。

在这种情况下，歌德成了卡罗琳最后的希望。她相信，现在除了歌德，没人能够拯救谢林。枢密顾问的一句好话、一个点头就够了，不需要费更多的神。

她知道在秋天的时候，歌德曾投入大量精力研究谢林的先验唯心主义体系。一句一句地研读。整整一个月的时间，他每天和尼塔默进行研讨，让尼塔默将他带入谢林的思想世界，并解开其主要的谜团。

卡罗琳请求——简直是乞求——歌德能劝诱谢林走出自我惩罚性的孤独。如果歌德仍对谢林抱有希望，如果他还关心谢林，关心谢林迄今为止在哲学领域取得的成就，他就会理解她那迫切的心情。

---

* 谢林将这种特殊的精神状态作为哲学原理进行了详细的阐述。1810 年，他在斯图加特的私人讲座中说，所有生命都有某种"坚不可摧的忧郁"，因为存在着某种东西，既独立于生命之外，又内在于生命之中，和生命构成不可化解的矛盾。

◆ ◆ ◆

随着时间的推移，《文学汇报》在读者中的影响力不断扩大。该刊物由魏玛商人弗里德里希·尤斯廷·贝尔图赫于1785年创办，由古典学者克里斯蒂安·戈特弗里德·许茨、法学家戈特利布·海因里希·胡费兰和诗人克里斯托夫·马丁·维兰德编辑，一经问世便迅速成为德意志主要的评论期刊之一，订户数量在短短一个月内突破了一千。编辑团队的每个人都将推广康德哲学视为责无旁贷之举。有些人甚至声称，若没有该杂志的支持，康德的《纯粹理性批判》可能直接就被扔进废纸篓了。

而现在，《文学汇报》将这种强大的号召力对准了谢林。以奥古斯特之死为契机，该杂志发动了一场关于布朗氏学说和所谓自然哲学原则的根本性辩论，认为自然哲学只不过是高度精炼但更加危险的蒙昧主义——纯粹的狂喜。在大学里获得博士学位并讨论各种假说是一回事；意欲以唯心主义来"治疗"人却最终导致他们死亡，又是另一回事了。

奥古斯特·伯默的医学案例已然成为公众事件：一方是思辨性的自然哲学的支持者，另一方是以康德主义为导向、在方法论上可靠的自然科学的捍卫者。在这场酝酿已久的冲突中，女孩的死似乎无关紧要。

去年秋天发生的争论如今又卷土重来。谢林关于将先验哲学予以深化，使之与自然哲学融合的想法成为众矢之的。《文学汇报》刊登了两篇匿名评论，一篇是物理学家写的，另一篇是哲学家写的，二者对自然哲学的思想都没有好印象。谢林极力要求发表亨里克·斯特芬斯*的澄清性评论，但遭到了顽固的编辑们的断然拒绝。†

批评的基调丝毫没有改变：尽管自然哲学的方法在某一方面可能具有独创性，但它并不严谨，换句话说，它不是科学的。

这种批评侵蚀着谢林，但并未动摇他。事实上，他反而更加坚信，一门为新世纪而设计的新科学（Wissenschaft），是断然不会被这种幼稚的文章破坏的。不过，要想抵御持续不断的攻击，得消耗巨大的体力，并借助所有的新闻手段来解决争端。在许多个夜深人静的夜晚，他都感到筋疲力尽。

昔日的同伴都已断绝往来，他无法指望从他们那里获得任何支持。他与费希特的决裂已成定局，费希特还在为批判研究所那档子事而耿耿于怀。弗里茨和多罗特娅自

---

* 亨里克·斯特芬斯（Henrik Steffens，1773—1845），丹麦 - 挪威哲学家、科学家、诗人。1798 年前往耶拿大学跟随谢林学习自然哲学。他比谢林要更熟悉现代科学的发展，因此能够纠正或修改后者极富想象力的推测。——译注

† 斯特芬斯评论被拒的理由是他的学生身份，学生的文章一般不会发表。然而，斯特芬斯早已在基尔大学担任私人讲师。

已租了一套公寓。*他们认为谢林对奥古斯特的死负有部分责任。谢林回到洛伊特拉街5号时，发现那里已空无一人，这个他们曾经一起生活和辩论的地方如今是一片死寂。在所有人中，唯有威廉愿意站在他的后面，尽可能为他辩护。威廉不想被迫扮演一个失去继女的嫉妒丈夫的角色。

谢林可谓深陷危机，饱受抑郁症的折磨。就在他需要帮助的时候，他收到一封从魏玛寄来的信。歌德邀请他去那儿跨年，与朋友们相聚。而且还有其他人联系他。谢林几乎不敢相信自己的眼睛：他的大学老友黑格尔宣布要来耶拿。即使是在沉重如铅的时刻，还是有好消息帮他挺过去。

◆ ◆ ◆

新世纪的曙光在魏玛降临。歌德、谢林和席勒待在枢密顾问位于弗劳恩普朗的家中。伟大的断裂发生得多

---

* 公寓的确切位置直到最近才由约翰内斯·科恩吉贝尔确定，此前一直不为人知。它就在耶拿击剑大师约翰·沃尔夫冈·比格莱因遗孀的房子里，而1801年7月至10月期间，黑格尔也曾住在这里，所以成了施莱格尔的邻居，尽管只有几个月！参见 Johannes Korngiebel: »Hegel und Schlegel in Jena. Zur philosophischen Konstellation zwischen Januar und November 1801«, in: Michael Forster, Johannes Korngiebel, Klaus Vieweg (Hg.): *Idealismus und Romantik in Jena. Figuren und Konzepte zwischen 1794 und 1807*, Paderborn 2018 (im Erscheinen)。

么平淡无奇！就连瓶塞也没有以应有的狂野之姿弹起。其
实原本是有盛大的庆祝活动的。席勒还特别向公爵游说，
希望举办罗马式的狂欢节，届时街道和广场上都有戴面具
的人，人行漫步道上有摆摊设点的游艺会，剧院里有非同
寻常的庆典之夜，在一楼提供食物，同时在舞台上表演保
留剧目中的个别幕和场。德意志首屈一指的演员奥古斯
特·威廉·伊夫兰会莅临魏玛，以在宫廷剧院扮演华伦斯
坦而广受赞誉的费迪南德·弗莱克也会来。另外还有大约
两百名宾客。一个新时代正等待登场。

　　这些计划得到了广泛的支持，却遭到了公爵的否决。
政治局势太紧张，人心太分裂，不适合举办这样的庆祝活
动——尤其是庆祝还没有定论的新世纪。无论如何，前景
并不乐观：卡尔·奥古斯特担心发生暴乱，即使是在魏玛。
就在不久前，因为在宫廷舞会上与女人共舞这种小事，还
引发了一场决斗。这是个火药味很重的时代。其中一名决
斗者[*]是一位诗人，诗还写得不赖，他的左小腿伤得很重，
差点因为失血过多而死。可能得要行家来解释一把击剑运
动用的重剑何以造成如此大的伤害。再则，科策比及其
追随者跟施莱格尔的圈子之间的冲突仍未平息，很容易
演变成一场丑闻。至于庆典的经济成本，那就更不用说了。

政府参事克里斯蒂安·戈特洛布·福格特现在终于可以松一口气，他一直在担忧拮据的国库是否足以招待两百名宾客。在动荡的年代里，庄严而低调的典礼无论如何都比喧闹的聚会要合适得多。

即使是 12 月 26 日在集市广场改建过的市政厅举行的化装舞会上，也没什么节日的氛围。*受卡罗琳所托，歌德邀请谢林去过圣诞假期和新年前夜，于是谢林和斯特芬斯一起来到魏玛。席勒也在场。在香槟酒带来的醉意下，歌德侃侃而谈，甚至可以说是眉飞色舞。与之相反，席勒变得越来越严肃，就美学问题滔滔不绝。歌德便不停地戏弄他，试图把席勒从他自己的脑子里拽出来。斯特芬斯则始终保持着清醒。而谢林坐在角落的椅子上看着这一切，同时适时地向枢密顾问敬酒。

就在斯特芬斯准备道晚安并动身回耶拿时，胡费兰也来了。这位医生需要一些时间来熟悉房间的环境，因为他只能用左眼看东西。造成这种部分失明的不幸是无法忘却的：在寒冷潮湿的天气里，他乘坐敞篷马车去看一位病

---

* 关于每个节日在魏玛举行的确切日期，说法不一。参见 Steffens: *Was ich erlebte*, Bd. 4, S. 408; Norbert Oellers: »Allerlei Curiosa. Die Jahrhundertwende in Weimar vor 199 Jahren«, in: Marijan Bobinac (Hg.): *Literatur im Wandel. Festschrift für Viktor Žmegač zum 70. Geburtstag*, Zagreb 1999, S. 5–24, hier S. 21; Jürgen Beyer: *Die Veranstaltungsorte der Redouten in Weimar von 1770 bis 1835*, in: *Weimar Jena. Die große Stadt* 8 (2015), S. 352–390, hier S. 370 f。

人，路上花了三个小时，等到回来时已浑身湿透，都快冻
僵了。歌德的《赫尔曼和多罗泰》放在桌子上。胡费兰拿
起这本书，迫不及待地借着烛光读起来，直到午夜才读完。
第二天早上醒来时，他的右眼便失明了，只能看到灰蒙
蒙的云。即使身为一名医生，他也无法解释所发生的一切。
他不得不限制自己的行动，中断病理学的研究，不过他并
没有被吓倒，很快就恢复了工作。俄国沙皇曾多次向他示
好，但他宁愿留在公爵身边，待在耶拿大学，现在他收到
了柏林的邀请，普鲁士方面想让他担任国王的私人医生和
夏里特医院的院长。

胡费兰敏锐地意识到了耶拿日益紧张的氛围：法国
大革命、在各地兴起的雅各宾派，以及最近到处在传唱
的《马赛曲》。不信任已经在掌握权柄的人之间滋长。魏
玛的公爵也是如此，他来耶拿的次数已经少了很多，尤其
是在费希特被迫离开耶拿大学之后。卡尔·奥古斯特在任
命胡费兰时曾许诺建一座急需的医院，但此事再也没有
下文。大学里也出现了普遍的担忧，大家对未来预感不妙。
发生在费希特身上的事充分说明了这一点。

当耶拿的前景变得愈发黯淡的时候，普鲁士国王腓
特烈·威廉三世却毫不犹豫地推行国内政治改革，胡费兰
希望能抓住这次机会：在大城市更自由的社会中拥有一座
大医院，过上一种较少拘束的生活。

对谢林来说，像胡费兰这种在耶拿和魏玛都是名流

的人竟然会去柏林，感觉就像一种背叛：是的，起初是费希特，现今是胡费兰。或许来自班贝格的安德烈亚斯·勒施劳布会接替他的位置。否则，耶拿的学生人数将再次减少。

歌德、谢林和席勒在新年前夜并没有熬夜。零点过后不久，这一小群人就散了。席勒没走多远就到了温迪申街，谢林则留在了歌德家。新年音乐会的曲目是海顿的《创世记》。

◆ ◆ ◆

在这个特殊的新年前夜，不伦瑞克会有盛大的庆祝活动，但卡罗琳和威廉决定待在家里。他们没有心情庆祝和狂欢。路易丝倒是短暂地溜出去参加了一个舞会，但她在晚10点前就回来照顾姐姐了。

奥古斯特的死拉近了卡罗琳和威廉之间的距离，但无法弥合两人在过去两年产生的罅隙。威廉留意到卡罗琳的心思总是在谢林身上，满脑子都是他。每天上午，她都会掐算着时间，等他的信到来。

圣诞节期间，卡罗琳给谢林寄去了一件英式大衣。这并不是圣诞礼物，仅仅是为了让他保暖。尽管头几次穿的时候一直在掉毛，他的其他衣服也不得不一遍遍地除毛，不过这件衣服还是相当舒服的，穿上它之后，他便可以腾出手臂拥抱他的女友了。谢林则送给她一枚戒指，戒指内侧细致地刻着他的名字：约瑟夫。

随着新年前夜的时间缓慢地行进，身体不适的威廉在楼上客厅的沙发上打起了瞌睡。他几乎是一觉睡到了新世纪的开始，在经历了那么多的讨论之后，新世纪终于要开始了。

午夜 12 点的钟声惊醒了他。卡罗琳和路易丝调制了加肉桂利口酒的苹果潘趣酒，正要端上楼来。客厅里的时钟还未敲完。威廉朝她走去。他们在楼梯中间停了下来，交换了一个眼神，但里面毫无内容——两个世纪，一对彼此陌生的人。窗外可以听到老守夜人的歌声。

黑格尔和胡桃夹子

哲学不是混合坚果

能够与图宾根时期的老友聚首，谢林的喜悦无以言表：黑格尔来了，而且他打算在耶拿多待一阵子。在就读于图宾根神学院的时候，两人与荷尔德林是室友。告别时，他们说的都是很宏大的话，又是"上帝的国度"，又是"地上的无形教会"，同时不忘歌颂自由和理性。

图宾根神学院走出去的名人不少，最有名的是菲利普·尼科德穆斯·弗里施林、约翰内斯·开普勒和弗里德里希·克里斯托夫·厄廷格。荷尔德林、黑格尔和谢林曾发誓，总有一天，他们的名字也会在校友名单中熠熠生辉。

荷尔德林和黑格尔都生于1770年，十八岁时进入大学，并搬到神学院。谢林生于1775年，两年后加入他们。他天赋异禀，超群绝伦，拥有神童的自信。柏拉图、赫尔德和康德是他的偶像。当尼尔廷根拉丁文学校的教员意识

到没什么可教他的了，因为这些内容他在不久前都已经自
学过，而贝本豪森修道院学校也无法给他带来知识的源
泉，十五岁的他被特批去图宾根学习。

　　他们三人都选择研究神学，以便成为受人尊敬的社
会人士。这也是他们父亲的希望，成为牧师或教师，而不
是什么哲学家或诗人。但事情不久就变得很明显，父母的
这种愿望很可能会落空。荷尔德林、黑格尔和谢林共同见
证了康德哲学和费希特哲学的相继兴起，并为之狂热不
已，正如他们欣然接纳法国大革命的精神一样。他们阅读
法国报纸，如饥似渴地关注每一个最新的动向。尤其是黑
格尔，相比于神学上的诡辩，他对当时的政治、发生在法
国的大事更感兴趣。

　　三人关注的远不止可以在一夜之间实现的政治自由，
或者仅仅是摆脱教条强制的自由。在更广泛的意义上，他
们将自由理解为人类解放自身的无止境的过程，是对现
有限制和界限（包括自我施加的限制和界限）的不断挑战。
有一种乐观的情绪：如果说康德带来了曙光，那么费希特
带来的光明是如此耀眼，沼泽的迷雾很快就会消散。这三
名室友共同怀着这种殷切的希望，这使得他们能够忍受神
学院枯燥乏味的日常生活而不坠志。

　　图宾根大学作为欧洲最古老的大学之一，也是教师
和牧师的培训中心。此外，符腾堡公国还在首都斯图加特
成立了所谓的卡尔学院，主要培养医生和律师。

与斯图加特相比，图宾根似乎已经落伍。这里的街道狭窄、弯曲，路面很粗糙，晚上几乎没有灯。许多小巷的房屋跟前都有粪堆。对于一座自称为副都，且是政府所在地，拥有著名大学和宫廷法院的城市来说，这样的条件是说不过去的。再加上图宾根坐落在风景优美的内卡河畔，周围都是草地、葡萄园和果园，反差就更加强烈。在城市的西南部，靠近施瓦本汝拉山，霍亨索伦城堡高高耸立，这里是普鲁士国王的祖宅，但在五十年前的奥地利王位继承战中被法国军队占领。

施瓦本的虔敬主义引导着图宾根神学院的生活。学生们被要求做到虔诚、勤劳、谦逊，并遵守自 1752 年开始实施的准则。每天的作息时间一成不变：早上 6 点起床，在吃早餐前听拉丁语布道，诵读赞美诗。然后上三节课，11 点吃午餐。集体用餐时，讲道大约十分钟；每个人轮流，为此可以得到额外的食物作为奖赏。*然后一直休息到下午 2 点。在城里，神学院的人也被称为"黑色的人"，因为他们的着装受到严格监管。斗篷、衣领、带扣的鞋子：其他一切装饰品都是禁止的。

---

* 大多数情况下，布道不过是乏味的义务，但至少在黑格尔的最后一篇布道中，已经显示出他后来哲学的核心主题，如人的自由。参见 Friedhelm Nicolin: »Verschlüsselte Losung. Hegels letzte Tübinger Predigt«, in: Annemarie Gethmann-Siefert (Hg.): *Philosophie und Poesie. Otto Pöggeler zum 60. Geburtstag*, Bd. 1, StuttgartBad Cannstatt 1988, S. 367–399。

下午除了上课和听讲座，还得去教堂。周一会有一场由帮助学生准备毕业考试的教师主持的周考。6 点钟吃完晚饭后会有第二次自由活动时间，直到教堂的晚钟响起。那些到点还没有回来的人就惨了。学生们会在自己的房间里争论、抽烟、玩纸牌。侍从、看管人和仆人在走廊里四处窥探，试图搜寻到一些违禁品，然后向他们的主人——图宾根神学院的主管报告，以获得嘉许。

康德哲学猛然闯入这种如同齿轮转动一般毫无生气的日常生活。它宣布要从根本上破除公开传授的迷信，带来了一个重要的承诺：自由。在很多个漫长的夜晚，他们结成小组对《纯粹理性批判》逐页研读。*

只有黑格尔的热情是有限的。康德的学说在他看来不过是一堆枯燥的术语争论。在图宾根，他以施瓦本式的慢性子而众所周知。他看起来沉稳而早熟，喜欢静静地坐着，享受啤酒、葡萄酒或者玩塔罗牌。在同学的漫画中，他是一位猫着腰、拄着拐棍在街上行走的"老人"。相比于康德，他更喜欢让 - 雅克·卢梭。他着迷于卢梭的国家理念，即国家不仅是对"众意"（volonté de tous）的表达，

---

* 尚不确定荷尔德林、黑格尔或谢林是否属于 1790 年在图宾根成立的康德读书会的成员。但可以肯定的是，这个圈子很快又解散了。参见 Dieter Henrich: *Grundlegung aus dem Ich. Untersuchungen zur Vorgeschichte des Idealismus. Tübingen–Jena (1790–1794)*, 2 Bde., Frankfurt am Main 2004, S. 716 ff。

Il retourne chez ses égaux.

Discours sur l'inégalité des Conditions.

让 - 雅克 · 卢梭《论人类不平等的起源和基础》插图；
尼古拉 · 德洛奈根据让 - 米歇尔 · 莫罗作品绘制的铜版画，1778 年

更代表了"公意"（volonté générale）。

但正统观念和教条主义不会轻易被推翻。在施瓦本，启蒙运动至多只能在克里斯蒂安·沃尔夫提出的条件，即严格的理性主义的意义上得到容忍。任何公开抗议或者要求得到更多的人，除了出国别无选择——就像迄今为止最有名的施瓦本人席勒在十年前所经历的。

然而，逆反的心还是按捺不住：一个春光明媚的周日早晨，黑格尔、谢林与几位朋友一起外出，就像巴黎的雅各宾派一样，在城外的大草地上种下了一棵自由之树。自由万岁（Vive la liberté）！他们的这一举动被曝光后，斯图加特的公爵倒是表现得很宽容，只是斥责了年轻人"喜欢胡来的性子"。1793 年，完成了学业的黑格尔不得不进行抉择。在席勒的帮助下，他们共同的好友、来自斯图加特的戈特霍尔德·施陶德林设法为黑格尔争取到了一个家庭教师的职位，雇主是夏洛特·冯·卡尔布，住在迈宁根附近的瓦尔特斯豪森。与此同时，黑格尔还收到了一份来自伯尔尼的邀请。由于对瑞士的政治局势感兴趣，他选择了伯尔尼*。荷尔德林则接下了瓦尔特斯豪森的工作，他想成为费希特在耶拿周围最亲密的追随者之一。荷尔德林常常写信给即将参加神学考试的谢林，后者已经发表了他的第一篇论文《论一种绝对形式的哲学可能性》，

---

* 参见 Martin Bondeli: *Hegel in Bern*, in: *HegelStudien*, Beiheft 33, 1990。

甚至引起了费希特的注意；他与黑格尔也一直保持着联系。不久，荷尔德林与同学伊萨克·冯·辛克莱在城外合租了一间花园住宅，整晚都在跟费希特和诺瓦利斯（他也参加了有关知识学的讲座）讨论宗教和启示，以及哲学的未来——黑格尔此时还未成为黑格尔，因此哲学离完成似乎还远着。

1795 年 5 月，荷尔德林急匆匆地离开了这座城市，因为他认为自己辜负了席勒，而席勒与费希特是他的两大榜样。羞愧难当之下，他没有告诉任何人发生了什么。[*]

荷尔德林去了法兰克福，很快在那里遇到了同样在谋求家庭教师职位的黑格尔。谢林则先后在斯图加特和莱比锡担任里德泽尔家的家庭教师，并发表了一部又一部作品；他在歌德的支持下进入耶拿大学，实现人生的跨越，是后来的事。在法兰克福与老友黑格尔再次见面，让他回想起与他人联手对抗世界的感觉。

◆ ◆ ◆

荷尔德林、黑格尔和谢林打算在图宾根实施的计划是激进的。他们深信，康德宣扬的思想革命需要第二次革

---

[*] 真正的原因尚不清楚。荷尔德林于 1795 年 5 月 15 日入读耶拿大学，月底突然离开。1795 年 7 月 23 日，荷尔德林在写给席勒的信中承认，他所寻求和需要的近距离接触让他深感"不安"。

命来实现，而这第二次革命指向的是世界和生活，它将引导人们走出当前时代的分裂。康德本人也曾将自己的哲学称为一场革命，因为它将使形而上学领域追赶上物理学领域，后者早已将思维方式的革命确立为自身的科学标准。就像物理学家已经认识到，理性只能理解根据自己的设计所塑造的东西，在形而上学领域也需要有一种认识，即除了我们投入其中的东西之外，我们无法认识事物的任何东西。对象是根据我们的感知来构建的，而不是相反，我们对事物本身一无所知——康德就是用这一划时代的根本思想照亮了形而上学，而形而上学此前一直都是在全凭猜测的黑暗之中摸索。

康德赋予了"科学"（Wissenschaft）一词以新的含义。所有知识都存在普遍和必然的先验原则。知性有十二范畴，其中包括因果关系原则，大卫·休谟将其降为纯粹的习惯范畴。感性有两种直观形式——空间和时间。对休谟来说，太阳会在早晨升起这一事实充其量只具有人类凭借经验获得的确定性，而无法从理智上加以证实，但康德对人类心智的考察表明，任何经验都蕴含着不可避免的原则。因此，与休谟相反，康德证明了客观有效的知识是有可能的。不过，图宾根的这三个人并不满足于康德倡导的那种仅仅是在科学领域的改革。康德的革命创造了一种反革命，这种反革命与别的反革命的关键区别在于，它将自身视为革命的延续。

荷尔德林、黑格尔和谢林在康德那里发现的问题，将为那些遵循这位哲学家的精神而非文字进行穷根究底的人附和，它围绕着这样一个难题：我们的认知形式为所有可能的知识提供了基础，而这些认知形式本身也得有基础。康德只是假设了一个基础，但并没有在严格意义上将其推导出来。虽然人类的心智必须认识到自身的局限性，但每条界限都是在某种情况下确立的；没有一条是原初的。批判哲学的界限只是主观的：一边是现象世界，一边是物自体的世界。若想超越康德划定的界限，我们就得回到这些界限的后面。荷尔德林、黑格尔和谢林似乎将目光投向了一场无比激进的思想革命，其目标正是一切知识的源头——用康德超越康德。

来自杜塞尔多夫的哲学家弗里德里希·海因里希·雅各比从概念的角度帮助了他们，他住在威斯特伐利亚的彭佩尔福特庄园，比这三人整整年长一辈，与当时最有名气的人物——赫尔德、莱辛、约翰·格奥尔格·哈曼、摩西·门德尔松和歌德——都有过接触。雅各比自称"唯心主义的特权异端"，1785 年，他凭借《论斯宾诺莎的学说——致门德尔松先生的书信》一书进入公众视野。在这本书中，他全身心地投到对一位已经没有人读且被许多人视为"死狗"的哲学家的研究中。斯宾诺莎的座右铭是"神或自然"（Deus sive natura），两者之间没有任何区别——神与现实世界是一体的。神是绝对的实体，任何人只要认识到了事物之间的关系，也就把握了神的本质。一切都是必然的、确定的，并且可凭借理智来把握。斯宾诺莎坚持认为，无论宗教信仰如何，作为造物主的神都是不存在的，他因这种异端学说于上世纪中叶被驱逐出阿姆斯特丹的犹太社区。

但雅各比这本关于斯宾诺莎的小书的真正亮点在于，他声称莱辛在 1780 年 7 月，也就是其去世半年前，就已经成为斯宾诺莎的拥护者。柏林启蒙沙龙中的情绪高涨：斯宾诺莎的学说意味着宿命论、虚无主义和无神论。任何站在斯宾诺莎这边的人无疑都是无神论者。莱辛居然会做这种事？他的遗产岌岌可危。

门德尔松为他的朋友进行了全面的辩护，并将他就该问题所写的反对雅各比的书取名为《晨时，或论神之存在的演讲》，其中尤其质疑了对无神论的指控。因为任何对莱辛不利的言论，也会给聚集在门德尔松周围的柏林启蒙思想家圈子抹黑。在他看来，肯定存在一种"精致的斯宾诺莎主义"，与道德、宗教相容，并可以通向作为造物主的神。

争论不断蔓延。歌德和赫尔德毫无保留地站在门德尔松一边。然而，雅各比的通信发表后引发的争论，很显然让门德尔松折了寿。就在他把《致莱辛的朋友们》的手稿拿去付梓的几天后，他意外离世了。应该是受了风寒，他的身体本来就虚弱，在严寒的天气里出门又不穿大衣。

为了给门德尔松报仇，他的门徒卡尔·菲利普·莫里茨也加入了论战，而这时哲学家的女儿决定出面干预。多罗特娅早期的教育得于她的父亲，在十四岁时被许配给银行家西蒙·法伊特，并于三年前成婚。她劝莫里茨保持冷静；事情已经够糟了。

雅各比打一开始就被斯宾诺莎的思想迷住了，特别是他的伦理学，斯宾诺莎认为可以根据严格的几何学（即数学）方法将其推导出来。但雅各比着迷的地方集中在一个特定的方面：斯宾诺莎的陈述无可辩驳，因为他的结论在逻辑上都是正确的。不过，仅仅因为斯宾诺莎没有自相矛盾，他说的话就是真理吗？雅可比坚决否认这种看法。真理并不像坚果一样封在壳里，等着思想家去敲开。哲学不是混合坚果 *。

对雅各比来说，斯宾诺莎主义是他用来发展自己思想的反面衬托：斯宾诺莎说得对，神的存在是可以证明的，但仅限于将神视为万物的必要联结；要想拯救活生生的神，即创造之神，就必须跳出这个体系，冒着死亡的危险，跃入不确定之中。

尽管对雅各比钦佩有加，但荷尔德林、黑格尔和谢

---

* Studentenfutter 其实不只是坚果，还有干果。这个术语从 17 世纪开始使用，最初是由无核小葡萄干和杏仁组成，后面加入腰果、花生、巴西坚果、核桃和榛子仁。其中杏仁的价格当时相对昂贵，且被认为对酒精中毒或宿醉特别有效。——译注

林并不想像他那样大无畏。不过他们也明白，如果说存在
着一种哲学体系——康德在他的理性批判中有过这种系
统性的思考——那么斯宾诺莎已经将其发展出来，其复杂
程度足以让他们三人震惊。他们明白，雅各比与斯宾诺莎
的争论也是对康德的批评，批评康德体系的开放性和自相
矛盾，就像变色龙一样，游走于唯心主义和实在主义之间，
在中间徘徊不定。但与雅各比不同的是，他们认为斯宾诺
莎的思想——如果不是将其与神圣的实体，而是与主体联
系起来的话——恰恰承诺了自由：在一个被决定论浸染着
的世界中自主开创的能力。

这正是图宾格神学院的这三个学生所追求的。他们
渴望对一切思想和存在实现伟大而全面的统一，也就是赫
拉克利特所说的"大全一体"，以摆脱当前的混乱。在他
们看来，这种统一只有在人类的自由中才能实现。

"大全一体"：这正是三位朋友分别之前，荷尔德林
在黑格尔的留念册上写下的话。他们发誓要在自由的国度
中再次相见。

◆ ◆ ◆

1801 年黑格尔到达耶拿时，身上已没有一丝"老人"
的影子，也找不到过往的那种迟缓。他之所以能最终转
入学术领域，还是因为一个在客观上属于好消息的噩耗：

父亲的死。在和妹妹、弟弟分割了遗产之后，他一下子获得了一笔意想不到的巨款。金钱意味着独立，意味着有时间完成已经开始的学业。他脑海中浮现的是耶拿，他神学院的老同学谢林任教的地方。

即使在费希特离开后，耶拿仍然是哲学家们的圣地。课程目录从古代的教条主义到最近的自然哲学，覆盖的面很全。竞争也十分激烈。每位哲学家都拥有自己的体系，而追随者则渴望将其奉为唯一真正的哲学。就连备受争议的杂志《雅典娜神殿》——近期因订户过少而停刊——的编辑弗里德里希·施莱格尔也来插一杠子。

黑格尔一直在远远地关注着谢林地位的上升，怀着一种近乎崇敬的心情。尽管暂时他还不想露出心迹，但黑格尔也想创立自己的体系，并超越朋友的体系。谢林已经在期待他们即将开始的讨论，尤其是现在，他生命中的许多人都背弃了他，而卡罗琳远在不伦瑞克，弗里茨倒是没有离开他，只是站在了他的对立面。他和黑格尔最初在图宾根共同制定的计划仍然没有失去其现实性。

黑格尔一到耶拿就立即投入了战斗。他到那里时三十一岁，已经虚掷了太多时间，而谢林二十三岁就当上了兼职教授。为了提升形象，并开辟属于自己的领地，黑格尔正在撰写一篇论文，以阐述费希特与谢林的哲学体系之间的差异。

与此同时，他也在着手写一篇关于行星轨道的论文，打算用它来取得大学授课资格。这项自然哲学的研究，在很大程度上是对谢林的让步，不仅旨在巧妙地证明行星运动背后的原理，也是为了推进图宾根神学院的校友、施瓦本同胞开普勒的思想。

黑格尔和开普勒一样，信奉柏拉图的"和谐世界"（harmonia mundi）思想，即可以通过理性的方式来把握世界。他认为，第一个用公式表现出行星运动的椭圆形式的人是开普勒而非牛顿，尽管严格地讲，开普勒不是第一个推导出这种形式的人。为了在这方面补课，黑格尔研究了所有著名的数学家、物理学家、哲学家和天文学家。柏拉图的《蒂迈欧篇》已经给出了一个数列，造物主（demiurge）据此赋予了宇宙以形式：1、2、3、4、9、16、27。从这个数列中可以推导出一切：行星的轨道、彗星的轨迹、星座之间的距离……完全不用望远镜便可以测量宇宙。

黑格尔是继席勒、保卢斯、尼塔默和谢林之后，又一个来到耶拿的施瓦本人。似乎施瓦本的每个人都想移民，以便在耶拿大学成立的第三个世纪里将其重建。很快，大家都在传，说谢林将一位精力充沛的支持者从家乡带到了耶拿，以再次表明费希特的时代即将结束。这是一个布雷区，但我们还需对其进行深入探讨。

黑格尔还参加了弗里德里希·施莱格尔关于先验哲学的讲座。2月初，在讲座进行了三个多月的时候，他加入听众的行列，正好赶上"哲学回归自身"这一关键的总结部分，施莱格尔在其中解释了为什么所有哲学都必须是辩证的，而不能是纯逻辑的。

　　黑格尔暂时住在约翰·迪特里希·克利普施泰因的家中，后者在植物园工作，并在离市区不远的地方经营着一家小苗圃。谢林的助手约翰·迪德里希·格里斯就住在隔壁，在这儿安顿下来会更方便。也许在不久的将来，黑格尔就会搬去和谢林同住，他们甚至计划一起出版一本杂志。谢林和黑格尔的关系，跟歌德和席勒的关系有着本质的不同，但他们仍被视为新的梦幻组合。

十五分钟的康德

斯塔尔夫人的邀请

当这位著名的法国作家于1804年3月初抵达柏林时，这座城市正在筹备路易丝王后的生日舞会。她作为贵宾受到欢迎。人们对她的到来深感荣幸。

一到柏林，斯塔尔夫人就不放过任何一个机会来满足她对知识、德意志哲学和诗歌的无尽渴求。她会利用晚餐时间让人给她讲解费希特的哲学著作，以便随后可以半生不熟地谈论自我与世界的对立，以及如何在实践中调解这两极，让哲学家本人大吃一惊。但她那语速飞快的法语，费希特几乎跟不上，他倒是被她如此高昂的兴致吓坏，尽量在十五分钟之内解释清楚先验哲学，尽管十五年都不够。反正夫人也不是真的关心。

在被拿破仑驱逐出巴黎后，她之所以开启德意志之旅，是为了给自己的《论德意志》收集素材，这本书将会成为法德文化的一座桥梁。她被这片易碎的土地及其哲学和诗歌吸引，而法国人对此一无所知。

她与邦雅曼·贡斯当育有一女，两人的关系紧张（据说他不是她生命中唯一的男人）——正是他唤醒了她心中的这种爱，让她明白德意志文学已不再是蔑视的对象。尤其是德意志哲学，要比英法哲学更加博大、公正和精确，至少更真实、大胆和节制。自从读了歌德的《少年维特的烦恼》（最初读的是法译本）之后，她将其与卢梭的《新爱洛伊丝》并列为近代文学中最重要的小说，并认为法国的语言和文学，以及这个国家本身，都过于局限。她想写下一切：德意志人的风俗习惯，以及他们在这方面的不足；在所有其他国家的文学中脱颖而出的德意志文学；以及目前正处于鼎盛期的德意志哲学。

要论感谢，这片土地最应感谢康德。就在一个月前，马上要满八十岁的他在遥远的柯尼斯堡辞世。康德虽从未离开过自己的家乡，却是欧洲讨论最多的作家。作为一名哲学家，尽管年事已高，但到了生命的最后时刻，他的思想也没有过时，甚至在死后很长一段时间里，他的现实意义都不会减损。康德正是哲学史上的两个时代的界限的化身。

作为被拿破仑赶出国门的不屈女性，德意志哲学让斯塔尔夫人更加深刻地感受到了自己缺失的东西：一个可以让她停下脚步、找回自我的地方。当她终于掌握德语

后，她对这门语言中的一些奇特的词几乎满怀感激，例如，
"Heimweh"（乡愁）* 表达了一种痛苦的、几乎无法得到满
足的渴望，那就是回到一个从未有人去过的地方。是的，
她无论在德意志哪里都会感受到乡愁，尽管她受到了如
此多的爱戴，为她举行了那么多的庆典、晚宴、酒会和
舞会。

斯塔尔夫人和她的随从去过魏玛的缪斯庭院。她原
本打算在那儿逗留两周，结果却待了两个半月。她受到了
公爵和歌德的热情款待。歌德曾给她寄过一本自己的小
说《威廉·迈斯特》，当时她并不太欣赏这份礼物，部分
是因为她缺乏语言能力，但现在情况完全不同了。大家都
在谈论她的新书《论文学》。迄今还从未有人以这种方式
研究文学作品是如何被其诞生的特定环境塑造的。社会、
气候、地理，一切都必须考虑在内。

没有什么是斯塔尔夫人不感兴趣的。她的嘴很利索，
歌德必须全神贯注才能跟上她来回跳跃的思路。在魏玛，
她还遇到了伯蒂格这个喋喋不休的大嘴巴，他仍在为自
己的计划而努力，想要为耶拿和魏玛的同代人建一座文
学纪念碑†，但事情毫无进展。伯蒂格多年来也一直在关注

---

*   诺瓦利斯有一句名言：哲学是一种乡愁，一种在任何地方都想要回家
       的冲动。——编著。

†   直到伯蒂格去世三年后的 1838 年，由他儿子根据他的手迹编成的文集
       Literarische Zustände und Zeitgenossen 才得以出版。

路易·勒克尔，《庆祝拿破仑在巴黎的加冕》，1804 年

斯塔尔夫人的文学抱负。事实上，早在 1797 年，在她的
《论激情对整个民族和个人幸福的影响》的德译本出版后
不久，他就拜读过，并与威廉·施莱格尔讨论过这本书。
说到施莱格尔，为了帮助斯塔尔夫人完成新书计划，歌德

建议她可以去联系他，这位教授经常在文体、韵律和文学
翻译方面帮助他，不过三年前已搬到普鲁士首都去讲授文
学和艺术了。

斯塔尔夫人动身前往柏林后，歌德庆幸自己没跟她
有更深的交往。她一逮到机会，就把他拽进谈话之网，这
让他筋疲力尽，而他清楚地知道这些谈话会被她无情地用
于文学目的。出于同样的原因，伯蒂格也开始让歌德感到
心烦意乱。在她离开后，他觉得自己仿佛经历了一场漫长
而艰难的疾病。

在最初的热闹消停之后——包括王公贵族和外交官
在内的一半的柏林人都对她进行了礼节性拜访——斯塔
尔夫人终于能做她来这里想做的事了：参加威廉·施莱格
尔的讲座。

歌德对施莱格尔的赞美并不为过。这位教授正是她
想象中的样子：聪明、风趣、迷人。他并不英俊，至少
在她眼里不是，但他也不必英俊——她立马就意识到，
他会是理想的同事、她的孩子们的导师和各种生活场合
中的同伴。没有人比他更了解文学、思想和科学；他像
法国人一样说法语，像英国人一样说英语，几乎没有他
没读过的书。

斯塔尔夫人一刻也不想犹豫，她竭力说服威廉跟她
一起走。当然，他太杰出了，以至于不适合教她的孩子；
是她自己需要他。再没有比威廉更好的顾问，对于她的欧

洲游学而言，他是一笔宝贵的财富，一部行走的百科全书，一件真正的纪念品。

她刚向他发出邀请，就得知住在日内瓦湖畔科佩城堡的父亲得了重病。黑暗的预感萦绕在她心头。起先是她的祖国（Vaterland），如今又是她的父亲（Vater）。

她决定当天就离开，比原计划要提前。威廉不得不当机立断——他答应了。有什么理由拒绝呢？他与卡罗琳离婚已一年，欠了一屁股债，而斯塔尔夫人会付给他一份丰厚的薪水。不过，他决定跟她走，并不纯粹是为了钱，也是想开启人生的新篇章，把一切抛到身后（包括大学里的教学工作，以及他与蒂克妹妹索菲·伯恩哈迪*不愉快的却仍在持续的恋情，她也是他陷入灾难性的经济窘境的部分原因），转而与一位知名作家一起共创美好未来。斯塔尔夫人想在日内瓦建立一个新的、世界性的、自由的、朴素的文学共和国，继承狄德罗、赫姆斯特赫斯、达朗贝尔、布封和梅尔基奥†聚在一起时的巴黎沙龙的传统。她

---

*　威廉去到柏林时，住在为《雅典娜神殿》撰稿的老朋友奥古斯特·费迪南德·伯恩哈迪的家里。伯恩哈迪与索菲的婚姻并不幸福。威廉抓住了机会。索菲怀孕后，让威廉认为他就是孩子的父亲，以便从他那儿获得支持。然而，孩子真正的父亲是卡尔·格雷戈尔·克诺林，不久她就和他一起去了德累斯顿。

†　赫姆斯特赫斯（Frans Hemsterhuis，1721—1790），荷兰美学和道德哲学作家，以法语写作。梅尔基奥（Friedrich Melchior，1723—1807），德意志记者、艺术评论家和外交官，《百科全书》的撰稿人。以法语写作，后与狄德罗决裂。——译注

身上散发出一种超自然的力量，无人能抗拒。威廉再次准备将自己的命运交到另一个人的手中，但他觉得这次自己终于找到了一直在追寻的东西。

1804 年 4 月 19 日，威廉随同斯塔尔夫人一起离开普鲁士首都。他们打算在魏玛与邦雅曼·贡斯当会面，后者会告诉他们有关她父亲健康状况的消息。他们还计划在维尔茨堡中转，谢林和卡罗琳目前就住在那儿。当威廉坐上马车，看着菩提树的树影向后掠过，他觉得自己在做最后的告别，仿佛他再也见不到柏林，见不到这一切了。

◆ ◆ ◆

卡罗琳自己都难以相信。这也许是有生以来第一次，她感受到永远这种东西的存在。多罗特娅·卡罗琳·阿尔贝蒂娜，娘家姓米夏埃利斯，伯默的遗孀，与威廉离婚后又再婚，如今是谢林的妻子。她决心以后再也不改姓，而她也确实做到了。

只有最亲密的家庭成员参加了两人的婚礼。1803 年 5 月底，也就是她与威廉离婚几天后，他们来到符腾堡的穆尔哈特。一个月后，谢林的父亲、新上任的高级教士弗里德里希·约瑟夫·谢林为他们主持了婚礼。在前往施瓦本的路上，他们在巴特博克莱特的乡村教堂墓地停留，为奥古斯特祈福。

对卡罗琳来说，与威廉离婚并不容易，但两人都知道他们正阻碍着自己和对方获得幸福。他们俩一点都不般配，威廉很清楚这一点，尽管他一直支持着她。他们无法给予对方无条件的爱与奉献。现在，两人在通信中重新用回了正式的称呼"您"（Sie）*。尽管如此，他们的友谊还会保持下去。

卡罗琳和威廉都希望能尽快离婚，不管别人说什么。他们想做自己认为正确的事情，不过他们需要得到公爵的同意，而这很困难，因为这段婚姻的结束既没有法律依据，也缺乏道德依据。幸运的是，另一个案子帮了他们，教会监理会最近作出了有利于他们的判决。在认识了克莱门斯·布伦塔诺之后，索菲·梅罗决定与耶拿的法学教授弗里德里希·恩斯特·卡尔分手。作为一名年轻的医学生，布伦塔诺每天清晨本该去解剖尸体，却把时间用于追求自己的文学爱好。他会参加卡罗琳的午餐聚会，并喜欢在下午梅罗女士的丈夫外出讲课时去拜访她。这段婚外情产生了重要的法律后果：在某一时刻，梅罗和卡尔都想离婚，并最终获准，从而开创了一个先例，应该会让威廉和卡罗琳现在所处的诉讼程序变得更顺利。至少他们希望如此。

这并非易事：除了作为首席牧师的赫尔德之外，伯蒂格也代表学校当局参与了案件审理。而威廉和这两个

---

* 在德语中，亲密关系才会以"你"相称。——译注

人的关系都不太好。他一直和伯蒂格这个爆竹保持距离。赫尔德的情况则又不同。威廉和弗里茨从赫尔德的一些著作（比如关于语言起源的论文）中受惠很多，但在《雅典娜神殿》中，他们却对魏玛的这位教会总监不屑一顾，甚至一再嘲笑，尽管赫尔德的一个观点——感觉的语言与理性的语言并不对立——成为他们对于游走在两个极端之间的诗歌的看法的指导原则。

依照惯例，教会监理会通常会召集这对夫妻谈话并评估有关情况，以作为挽救婚姻的最后机会。赫尔德和伯蒂格坚持要求安排这样一次会面。卡罗琳被告知不要离开这座城市。现在看来，留给她的选择似乎只剩下向歌德求情。果然，他说服赫尔德和伯蒂格，让他们改变主意。会面取消了，也没受什么辱。公爵批准了他们的离婚申请，1803 年 5 月 17 日，在办完手续后，卡罗琳和谢林一道去看望了他的父母。

他们打算在施瓦本的父母家度过婚后的头几个月。战争使他们无法按照原计划前往意大利。卡罗琳在婆家很受欢迎。同为神学家，老谢林认识卡罗琳的父亲米夏埃利斯教授，甚至还和他通过信。尽管如此，对于老谢林夫妇来说，要接受自己的儿子跟一个比他大十二岁、离过婚且被国王赦免的女人结婚并不容易。有些时候，为了看到未来有多么美好，你得把过去抛在脑后。

边境上，战火依然纷飞。

◆　◆　◆

到 1801 年底，留在耶拿的圈子成员已经所剩无几。蒂克早已启程前往德累斯顿，威廉在冬天永久性地搬到柏林去讲授文学和艺术，弗里茨和多罗特娅被吸引到了巴黎，而诺瓦利斯则去了另一个世界休息。队伍变得稀疏，梦想也走到尽头。美丽的巴别塔沦为废墟。[*]

谢林仍然与黑格尔保持着联系，在为《哲学批判杂志》创刊号撰写稿件的同时，他也在越来越多地考虑换一所大学工作的可能性。普鲁士的学者们获得的报酬更高，而巴伐利亚正在准备重组大学和教育体系；此刻，别的地方似乎都在进步。人们担心学生人数的骤减会使一些课程无法正常开设。许多统治者决定效仿拿破仑，禁止本国的孩子们去外国上大学。情况极糟。即便如此，他和黑格尔还是创办了他们的杂志，第一期将在 1801 年底前付印。

谢林和黑格尔创办《哲学批判杂志》的目的在于，遏止通过全国各地的讲坛和无数期刊出版物传播的各种离谱的非哲学学说。《文学汇报》定下基调，将耶拿的这

---

[*]　亨里克·斯特芬斯在 1814 年 9 月 11 日给路德维希·蒂克的信中写道："虽然歌德、费希特、谢林、施莱格尔、你、诺瓦利斯、里特尔和我怀有共同梦想的那个时代肯定蕴含着许多新思想的萌芽，但整件事还是有一些邪恶的东西。应该建造一座精神的巴别塔，一座所有的灵魂都能从远处认出来的塔。"

个圈子作为一个整体指控为精神错乱，对弗里茨、威廉、谢林和黑格尔不加区分。与此同时，费希特提议成立批判研究所，由弗里茨、威廉、谢林和费希特本人管理。他计划组建一支由十四名编辑组成的队伍。

谢林和黑格尔打一开始就决定将《哲学批判杂志》作为一项共同事业，不耍花招，没有阴谋诡计，以凝聚力为指导原则。

他们共同撰写了纲领性的导论《论全部哲学批判的本质》。这种共同署名的做法也是第一次。文章的大部分内容都是合写的，至于独立撰写的部分，他们认为没有必要注明是谁写的。两人都尽其所能地给出自己的看法，吸收对方的意见，主题观点在对话中逐渐剥离出来，回过头再看，已经无法辨别哪部分究竟是出自谁的手笔。在为《雅典娜神殿》撰文时，弗里茨和威廉一直都特别注意加上自己的名字，而谢林和黑格尔是作为一个哲学单位出现的。他们都坚信精神的独立才是至关重要的，并不打算为了达成肤浅乏味的一致而放弃争论。然而，与弗里茨和威廉相反，他们并不是激进的个人主义者；事实上，他们反对碎片化，而是寻求一种贯通的、超个人的体系。正如只有一种理性，哲学就其对有效性的主张而言，也只能是一种。严格来讲，不存在真正多元的不同观点，因为所有观点都处于唯一的理性框架之内。

这就是谢林和黑格尔在哲学批判方面所持的观点：

批判不是党派之争，也不是为了表达对权力或观点的主观要求。相反，批判的目的在于揭示事物内部的思想，将哲学与非哲学区分开来，使非哲学在持续的思考过程中最终成为哲学。这并不排除论战——谢林和黑格尔在必要时进行了大量的论战——但论战绝不能成为规则。哲学批判的任务是驳斥表象。

这两位前神学院学生的语言也发生了根本性的转变。他们曾经激情澎湃地谈到上帝的国度或世上的无形教会，而现在这种热情让位于冷峻、冷静的语调；文本中的某些地方甚至会穿插数学规则。他们谈的是与绝对有关的同一性和差异性、形式和本质、生产和产品，以及量的无差别性。黑格尔最近出版的《费希特与谢林哲学体系的差异》一书，甚至谈到了"同一性和非同一性的同一性"，即一个既包含自身又包含对立面的理性整体。几乎没有人理解他要表达的意思。

黑格尔邀请我们参加一个"思辨的耶稣受难日"(spekulativen Karfreitag)。*他认为，上帝已死，因为他不再对人类伸出保护之手，所以一切都不得不笼罩在迷惘与怀疑的黑暗之中。一切都复归起点，而思想必须始于虚无。当思想最终转向审视自身时，它发现虚无实际上并

---

* 黑格尔在他的《信仰与知识》（"Glauben und Wissen"）一文中使用了这一表述，该文也发表在 1802 年 7 月《哲学批判杂志》的第二卷第一期上。

非虚无，而是某样东西的开端，这种东西在其连续的运作中通过理性获得越来越具体的形式，而理性由此既是新生的，又是不断运动的。理性并非人可以随意操纵的装置，而是能够自行生成和发展的活的有机体。

如果说黑格尔起初只想采用论战的、批判的立场来表明，一切形式的有限知识中都存在矛盾——因此怀疑一切，并完全缺乏预设——那么，这种怀疑的程序当然可以转化为一种肯定的（positive）方法。进入反思过程的思想重新夺回了它在自身运动中摇摆不定的两极。在谈到这个辩证模式时，他并不认为自己说了什么新东西。他只是试图概括谢林设想的绝对同一性体系概念。没有什么不是理性本身给予的，没有什么能避开理性的中介。谢林对此激赏不已。

1801 年底，《哲学批判杂志》付梓。他们在创刊号的工作已经表明，黑格尔有自己的思想，不会允许自己成为谢林的工具；甚至在某些方面，他的思想要比谢林激进得多，因为他更加鲜明地把哲学拉向了概念一边，也就是他所说的真正的哲学思辨。他现在也已经取得了大学授课资格，并开设了关于逻辑学和形而上学的讲座。他的大学授课资格论文没有附带任何丑闻，不像那年春天的弗里茨那样。就连歌德也对耶拿的这位新人表示了兴趣。自然科学并非黑格尔的专长，但歌德不得不赞赏黑格尔在大学授课资格论文中试图先验地发展开普勒的行星运动定律。

　　《哲学批判杂志》上的文章是以他们两人的名字发表的，但如果谢林稍不留神，他的前室友就会发展出自己的路数，上升为新世纪最重要的哲学家。新年伊始，第一批印刷本将到达订户手中——并由此进入整个世界。

开垦新领域

在诗歌的矿藏中

1801 年 3 月 19 日，也就是他年轻的未婚妻索菲去世四周年之际，诺瓦利斯的健康状况急转直下。精疲力竭的他预感到自己只剩下几天可活了。他需要再撑一撑，因为弗里茨已经宣布自己马上会来魏森费尔斯。诺瓦利斯很想在朋友获得大学授课资格时在场。

自从去年夏末起，诺瓦利斯的身体就每况愈下：腹部剧痛，胸部闷痛难忍，手帕上沾满血迹。然而，1800年的开端是多么美好：他与萨克森矿山监察员约翰·弗里德里希·威廉·冯·沙彭蒂耶之女尤丽叶订婚。他的新岳父与歌德关系密切，后者会在所有与伊尔默瑙矿山有关的事情上给予他建议。和亚伯拉罕·戈特洛布·维尔纳（诺瓦利斯仍然与之保持着密切联系）一样，沙彭蒂耶在他的母校弗赖贝格矿业学院任教。

诺瓦利斯这时的个人和职业前景都好得不能再好。在魏森费尔斯一直担任矿业官员并已晋升为盐场评估员的他，即将被任命为萨克森选侯国图灵根专区的地方长官。此外，他还在创作《亨利希·冯·奥夫特丁根》的第二部，这是他对《威廉·迈斯特》的回应，其中融入了他认为歌德作品中缺失的部分——自然，即神秘主义元素。第一部已为他带来了赞美，接下来将是一个百科全书式的计划，可以填满整个图书馆。但这一切都随着8月份的发病戛然而止。工作已无从谈起。11月又得知年仅十四岁的弟弟伯恩哈德在萨勒河畔意外溺水身亡，诺瓦利斯因此大出血，险些丧命。

冬天会来收尾。他身心俱疲，几乎看不出一点昔日的影子。他的弟弟卡尔和未婚妻尤丽叶一直陪在他身旁，尽心尽力地照顾他。他很少参与谈话，只是听着，甚至在别人交谈时睡着了。他像死人一样躺在那儿，然而，当他的胸部上下起伏时，他仍然显得那样有活力。

2月中旬，斯塔克教授，也就是给索菲治过病的那位医生，对他进行了检查。但斯塔克也束手无策，医生们认为诺瓦利斯已经没救了。尽管如此，诺瓦利斯回到魏森费尔斯时，却显得格外放松，几近欢愉，也许正是因为没人能帮助他，他现在只能靠自己了。这位哲学家，这位"先验的医生"，一向最懂得如何通过逐步增加内部刺激，提高和培养自身的灵敏度，来使受损虚弱的身体恢复平衡。

奥古斯特·伯默的不幸去世，丝毫没有削弱诺瓦利斯对布朗氏学说的热情。瞧：恐惧消失了，每天也不再挣扎。只要不灰心，只要不失去信念。失去信念就意味着失去一切。祈祷是万能的良药。

有时，他还能写首诗。此外，他还花了大量时间阅读《圣经》、宗教作品、青岑多夫和拉瓦特尔，并对雅各布·波墨的作品发生了兴趣，这位神秘主义者和哲学家激发了他将哲学和宗教结合起来的想法。说不定有某种方法可以拯救类似"单纯理性限度内的宗教"（这是康德为自己的一本书所起的名字）这样的东西。苏格拉底将哲学描绘成死亡练习，诺瓦利斯如今对此有了更深的理解。一个人必须学会能够在真正死去之前死去，能够赞同摆在自己面前的是命运，就是直接的确定性。

有一小段时间，诺瓦利斯相信自己正在康复。出血、咳嗽突然消失了，就像从未出现过一样。他的确感到有些虚弱，但也仅此而已。或许一切最终都会好起来，他不仅会成为先知，预言该如何治疗更高的自我，并且将实现这一预言。在《雅典娜神殿》发表的哲学断片集《花粉》中，他写道，永恒——它的世界、过去和未来——无处可寻，只在我们心中："我们梦想着遨游宇宙，可宇宙不就在我们心中吗？"一旦他的身体有所好转，整个世界就会发现真正的诗歌是什么样的，所有那些美妙的诗歌和歌曲正不断地在他脑海中嗡嗡作响。他的使命还远未完成。

◆ ◆ ◆

那晚，弗里茨和多罗特娅、保卢斯以及其他几个《雅典娜神殿》的撰稿人一起，在他位于洛伊特拉街的旧居举行庆祝宴会，由多罗特娅负责张罗。

自从搬到新家后，她整个人容光焕发。现在卡罗琳不再扮演女主角，*多罗特娅有种被解放的感觉，就好像她从很久以前就被卡罗琳摆布着。幸运的是，卡罗琳和威廉还没有从不伦瑞克回来，后楼空无一人。这是庆祝弗里茨刚刚获得大学授课资格的理想场所，他的学术生涯又迈入了一个新阶段，尽管整个过程差点以重大丑闻收场。

在答辩开始前，就已出现有关程序的争议：通常情况下，资格认证候选人在进行口头答辩时可以自行指定辩驳人，但这一惯例到了弗里茨这里，却突然改变了。得到授权的考官们翻遍档案，拂去书封上落满的灰尘，找出了一条古老的法律，根据这条法律，指定辩驳人完全是教员们的责任。他们坚持要求这项权利。就是这样。

约翰·克里斯蒂安·威廉·奥古斯蒂和约翰·弗里

---

* 卡罗琳得知他们在她的旧居举办宴会时很不高兴。1801 年 3 月 26 日至 27 日，她写信给威廉："我希望他们事先告诉你，但我还是觉得法伊特夫人的做法不够圆熟。因为她并不是非得这么做——他们的公寓里有一间同样大的房间——至于他们用过的所有那些餐桌用具和瓷器，都是我自己的东西，因为经常用，已经少了很多，总之，我不想在下次博士学位庆祝会上把它们交出去。"

德里希·恩斯特·基尔斯滕成为辩驳人，两人都直言不讳
地反对《雅典娜神殿》这个圈子——这显然是对弗里茨的
挑衅，是在故意给他使绊子。但为了避免提前引起别人的
反感，弗里茨没有反抗这种刁难。1801 年 3 月 14 日答辩
开始时，他显得平静而镇定。

由于秋季那场关于柏拉图迷狂概念的试讲非常成功，
弗里茨再次选择柏拉图作为自己的主题。这次，他谈到了
柏拉图的哲学方法，这种方法跟他的解释和观点不谋而
合：柏拉图有哲学，但不需要体系；哲学只能作为运动中
的思维过程而存在，就像苏格拉底在市场上走来走去，对
雅典人的意见进行检视。柏拉图的思考永无止境；他总是
试图在对话中描述他对完美知识以及洞察一切背后的东
西的追求，而这是一个思想永远在生成、塑造和重塑的过
程。弗里茨也一样，不愿让思考、哲学或生活本身止步不
前。哲学与其说是一个固定的知识库，不如说是一种探索，
是对知识的永恒追求。

正是出于这个原因，他对同事谢林的体系构想一直
心存疑虑。你只能去成为（werden）哲学家，而无法真
正地是（sein）哲学家；一旦你认为自己是，那你就不再
能成为了。弗里茨仍然保留了早年对反讽的喜好，但他不
再把它作为一种方法，因为对于他阐述的观点而言，它已
经失去了相关性。

基于柏拉图对唯心论的理解，弗里茨开始向教员们

阐述自己的哲学观念，讨论了唯心论与实在论、道德与政治、艺术与科学、诗歌与想象力、神话与历史的价值之间的关系。弗里茨基本上认为自己的哲学是唯一真正的唯心主义，因为它是唯一不在严格的关联性中运作的唯心主义，保留了思考所需的片断化的、临时的开放性。就此而言，他前一个冬季学期宣布将举办关于先验哲学的系列讲座，是在用一种古怪的手段嘲弄谢林。

起初一切都很顺利，但轮到第二位辩驳人、神学家奥古斯蒂时，丑闻爆发了。奥古斯蒂似乎习惯在自己的论点中夹枪带棒。弗里茨一开始还能按捺住性子，但后来实在忍无可忍，便打断奥古斯蒂，用拉丁语喊道："别说话，别说话。"这正是他一直担心会出现的情况，也是他很早以前就决定不做学术教师，而是以自由撰稿人的身份谋生并保持独立的原因。

奥古斯蒂接受了弗里茨的挑战，继续嘲讽，最后还引用了《卢琴德》（他称之为"情色小册子"）中的一段话。一听到"卢琴德"这个词，弗里茨就再次打断奥古斯蒂，向他扔了一句"Scurram（傻瓜、冒牌货）！"，同时大声叫嚷：这里要求的是多么卑劣的服从，这所学院是一个多么悲惨的地方。院长告诫他不要激动，先让他的辩驳人说出自己的观点，看看奥古斯蒂为何要引用这段话。当他补充道，哲学院的讲台上三十年来从来没有出现过这样的丑闻时，弗里茨用最好的学术拉丁语反驳道："可是过去的三十年里也没有出现过如此的不公。"少数几位支持他的人最终使他平静下来。

那天晚上在洛伊特拉街 5 号提议干杯时，弗里茨一点也不后悔。在冒犯他的辩驳人这件事上，他可能越了界，但再给他一次机会，他还是会这样做。就像去年秋天的博士考试一样，他不得不为这次考试借钱。有钱的朋友布伦塔诺向他伸出了援手。但他和多罗特娅仍然相信，总有一天他们能收支平衡。

然而，还有一件事压在弗里茨的心头。他那位认识了近十年的老朋友正躺在病榻上，医生们显然已放弃治疗。诊断结果很明确：肺结核。有人怀疑是席勒传染的，因为诺瓦利斯即使是在席勒病得最重的时候，也经常去看望他。取得大学授课资格的兴奋劲一过，弗里茨就打算动身去魏森费尔斯，盼望着再次见到诺瓦利斯，他一直觉得他是自己的知音。

◆　◆　◆

弗里茨与诺瓦利斯相识于 1792 年，当时两人去到莱比锡学习法律，诺瓦利斯还不叫诺瓦利斯，而是叫弗里德里希·冯·哈登贝格。他们的父亲都希望他们能成为公务员。

当弗里茨已经在莱比锡开始商业学徒的生涯时——他很快就会放弃——诺瓦利斯则在耶拿学习法律，至少是假装在学习法律。事实上，他参加了席勒的讲座，尤其是关于历史哲学的，并在席勒生病期间与之密切接触。二人建立了亲密的关系。两个学期后，父亲海因里希·乌尔里希·埃拉斯穆斯·冯·哈登贝格意识到一场灾难正在逼近，他从1784年起一直是萨克森选侯国在克森、阿尔滕和迪伦贝格的盐场的负责人。他不得不与诺瓦利斯的前导师、席勒的同事卡尔·克里斯蒂安·埃哈德·施密德交涉，想请他帮忙安排一场一对一的谈话，让席勒敦促年轻的哈登贝格继续攻读法律，为今后的商业生活认真做准备，这既是为了他本人好，也是考虑到家族的利益。他解释说，做父亲的劝诫数千遍，顶不上席勒的一句话。

从耶拿搬到莱比锡时，诺瓦利斯已经写了一些文学作品，包括给奥古斯特·威廉·施莱格尔的献诗与友情诗，后者那时已经作为语言学家和文学评论家声名鹊起，但诺瓦利斯还没有与之建立私交。当威廉的弟弟弗里茨突然出现在他面前时，他感觉到这是上天的安排，让他有机会接触到一群志趣相投者，他希望自己最终能从这个圈子获得迄今一直未得到的认可。诺瓦利斯向弗里茨倾吐心声，讲述自己的学习经历、席勒和耶拿，语速比平时快三倍。最后，他把诗稿交给弗里茨以征求意见，并请他在可能的情况下将其转交给他的哥哥。

弗里茨意外地接受了评论家的身份。他喜欢这位年轻的哈登贝格。在翻阅这些诗作时，他除了看到许多缺

萨克森弗赖贝格的矿石开采；铜版雕刻，1820 年（局部）

点——语言的不精练，险奇的韵律，总是脱离实际目标
的偏题，以及丰富但半生不熟的意象，仿佛起源于奥维
德描述的从混沌到世界的过渡——更看到了一位伟大诗
人的潜力：独创性、敏锐性，以及对各色感知的接受能力。
你可以听诺瓦利斯讲一整夜，紧跟他的思路而毫不厌倦；
他的眼力甚至可以把最平凡的事物变成诗。这位年轻人可
能成为一切，也可能最后落得什么都不是。

　　诺瓦利斯和弗里茨并不打算向父母预设的人生道路
屈服。他们都着迷于艺术、哲学和宗教。不过，当弗里茨
先后在德累斯顿和柏林为自己寻找自由作家的身份，并与
哥哥威廉（他早已放弃莱比锡的学业，正越来越深地沉浸

在古代和近代欧洲的文学和哲学中）一起走上这条前途未
卜的道路时，诺瓦利斯却大体上默认了父母给他指定的角
色，并于 1796 年初成为魏森费尔斯当地盐矿管理部门的
评估员。

最后，他找到了一种将他的诗歌创作与世俗职责结
合起来的方式。这也是他在耶拿时从席勒那里学来的。
矛盾是肉体上的一根可以带来生产力的刺。它向我们提
出了克服对立面的挑战。一方是席勒所说的"利禄学者"
（Brotgelehrter），仅为物质和职业发展而工作，对思考本
身毫无乐趣可言；另一方是"通才"（Universalgelehrter），
其特点是能够吸收矛盾并最终克服它们。*

诺瓦利斯在弗赖贝格矿业学院跟随维尔纳教授攻读
自然科学，以取得自己的第二学位。在那里，他可以将
哲学和自然科学结合起来，同时还能获得从事盐矿管理
工作所需的知识。这正是弗里茨所说的"进步的普世诗"
（progressive Universal Poesie）的意义所在：Poiesis 在希
腊语中的原意（"制造"或"产生"）并非文学创作的过程，
而是每天都需要践行的生活方式。就此而言，开采煤炭也
是诗。

从这时起，写作对诺瓦利斯来说只是次要的——重
要的始终是实际生活，而实际生活从来不是只做一件事。

---

* 席勒在 1789 年耶拿的就职演讲中介绍了二者的区别。

作为一种教育手段，写作有助于对事物进行细致的思考和处理，但完整的教育要求你当过家庭教师、教授、工匠和诗人。哈登贝格现在称自己为"诺瓦利斯"，这源于其家族的一个古老称谓：de novali，意思是"开垦新领域的人"。

不久，他就带领一个工作小组，对莱比锡南部的煤矿进行了研究和测绘。在耶拿，他与施莱格尔兄弟在德德莱茵府邸见面。即使是最平凡的生活、最庸俗的趣味，也必须诗化。诗化是一种质的提升，即让受到各种世俗逆境玷污的低级自我能够与更好的、绝对的自我相一致。诗化是通过赋予低级的事物以崇高的意义，赋予平凡的事物以超凡的魅力，赋予有限的事物以无限的光辉来实现的。反之，更高的、未知的、神秘的、无限的东西则被赋予平凡的一面，突然变得平易近人、触手可及，有时甚至具有威胁性，就像疾病一样，而疾病本质上只是一种更高层次的精神联系的表达。

当弗里茨于 1801 年 3 月底离开耶拿时，他希望诺瓦利斯的诗化能够得到证实。

◆　◆　◆

尽管诺瓦利斯的病情明显恶化，但当弗里茨最终抵达魏森费尔斯时，这两位朋友还是在彼此的陪伴下度过了一段愉快的时光：他们交换思想，分享最新的消息，谈论各自的工作和计划，时不时地小憩片刻。

两天后，身体明显更加虚弱的诺瓦利斯一大早便起来读书，但到了早餐时间，他就已经精疲力尽。他在病床上请弟弟卡尔弹奏钢琴。他把书放在一边，就像他每次看书时那样，他看书的速度很快，以至于大家都以为他只是随便翻了翻。随后，他就在背景音乐中睡着了。

诺瓦利斯睡得很沉——这一觉他再也没有醒来。接近中午时分，弗里茨、卡尔和尤丽叶才意识到他死了。他呼出了最后一口气，没有丝毫痛苦的迹象，仿佛精神终于战胜了可厌的生命，找到了一种新的、更加容易的存在方式。

前 夜

德意志民族神圣罗马帝国灭亡的消息，像野火一样在夏天蔓延开来。没有人真的感到惊讶。帝国早已沦为拿破仑手中的玩物。弗朗茨二世已经退位，并在拿破仑明确表示永远不会戴上帝国皇冠后，自己加冕为奥地利皇帝，称号为弗朗茨一世。即便如此，法国人的入侵也是始料未及的，一夜之间，法国士兵就乌泱泱地出现在了耶拿的集市广场。

1806年10月13日上午，留在城里的黑格尔手忙脚乱。六个士兵进入他的公寓搜查了一番，因为没找到钱，便拿走了衣服、亚麻织物和铜罐。黑格尔尽量满足他们的需求，给他们提供面包、鸡蛋、香肠和白兰地。这是一次违背他意愿的宴请。

黑格尔对未来有一种不祥的预感。在夏季学期结束时，他在关于逻辑学和形而上学的课程中总结道，人类正处在十字路口，处于剧变之中：精神在经历了一次震动后，即将改变其形态；以前的大部分观念，世界受到的种种束缚，就像梦中的幻象一样消散；哲学必须迎接精神的新阶段，因为理性的永恒性是在哲学中体现的；在这个历史性的时刻，没有什么比固守过去更具灾难性的了。说完这些话，黑格尔就让学生们放假了。他不知道自己的话会被证明有多么正确。

在随后的几周里，越来越多的新兵驻扎在耶拿和奥尔施泰特及其周边地区。普鲁士动员起来了。十三万普鲁士人和两万萨克森人向法国军队开进。拿破仑已大胆地将汉诺威选侯国交给英国人，而他年初才将其划归普鲁士，以换取后者在奥斯特利茨战役——拿破仑在12月打赢了这场战役，离他加冕称帝正好过去一年——中的政治和军事中立。但谁又能想到耶拿也会被卷入战火之中？七年战争后的四十年和平让这座城市有了一种从容不迫的气质。如果战争爆发，普鲁士领导人肯定会明智地将战场转移到莱茵河的左侧。无论如何，普鲁士的骑兵似乎是无坚不摧的，就像腓特烈大王的精神一样坚定不移。

就连黑格尔也没有想到，一场世界历史的剧变会发生在图林根的大学城，就发生在他眼前。他对事件如此迅猛的进展没有概念；没有人有，即使是那些近距离的观察者。直到1806年10月11日亲王的死讯传来，耶拿的安全感才骤然消失。普鲁士亲王路易·斐迪南，也就是普鲁士先锋部队的指挥官，在萨尔费尔德战役中阵亡，跟随他的九千名士兵落荒而逃。战争迫在眉睫。

黑格尔突然发现自己的家里一片狼藉。箱子、盒子、壁橱全都被撬开。东西锁得越牢，里面就越有可能藏着贵重物品。角落里的一把椅子也未能逃过一劫，座垫被划开，地板上散落着纸、笔和刀；一切都不在原位。干净的衣服和脏衣服、面包、食物残渣，全都混在一起。

◆　◆　◆

1801 年 4 月，卡罗琳从不伦瑞克回到耶拿时，住的是洛伊特拉街的德德莱茵府邸。她本来想租她第一次和威廉来耶拿时住过的花园住宅，但这一希望落空了。

她不情不愿地走进了这座老房子。弗里茨和多罗特娅离开时，留下了一片荒凉。卡罗琳听说他们上个月在这里庆祝弗里茨获得大学授课资格，而她的画像就挂在客厅里，等于当着她的面。从房子现在的情形来看，那一定是一次很闹腾的聚会。

一想到还得在这个破房子多待一段时间，卡罗琳就不寒而栗。但租约还有一年才到期，而她的手头还未宽裕到允许她同时再租一套公寓。

威廉已从不伦瑞克动身前往柏林，希望能在那里举

办文学和艺术方面的讲座。他还有翻译莎士比亚和卡尔德
隆的工作要做，并且终于找到愿意出版他的译作的出版
商。[*]在卡罗琳看来，离婚不仅会让自己获得又一春，也
能让威廉获得新生。

◆　◆　◆

　　黑格尔的寓所位于红塔边的旧击剑馆，在离开这里
时，他把那些放不进手提包的文件夹在腋下，这是他刚
刚完成的手稿的最后几页。上周，他已把大部分手稿寄
给了班贝格的出版商。他只能寄希望于手稿能顺利到达，
哪怕部分丢失也是无法忍受的；他几乎不知道该如何补上
其中的任何一页，也无法想象自己失去应得的报酬。他已
经定下了书名：《精神现象学》。在他的设想中，这部史
诗般的作品将使迄今为止所有哲学著作都黯然失色。至于
其余的书籍和论文，就听天由命吧。他随身只带着他需要
的东西。

---

[*]　威廉与约翰·弗里德里希·翁格尔发生争执，导致其莎士比亚的项目
　　停滞不前，在中断九年之后，最后一卷直到 1810 年才出版，他也终于
　　在柏林找到格奥尔格·安德烈亚斯·赖默尔作为卡尔德隆译本的出版商，
　　该译本的第一卷在 1803 年出版。

黑格尔逃到了卡尔·弗里德里希·恩斯特·弗罗曼[*]那里。这位出版商的家位于菲尔斯滕格拉本一扇高大但不显眼的门后面，看起来很简朴，是少数免遭洗劫的房子之一。当第一批法国人举着火把进城时，房子的女主人约翰娜表现出了令人钦佩的谨慎和冷静。她闩上院子的大门，关紧临街的百叶窗，连房间里的卷帘也放下了。

直到正规军到来，这所房子才暴露自己的存在，并敞开大门供人住宿。多达八名军官带着他们的部下在出版社驻扎，并在后面搭建了一个马厩。如果算上所有像黑格尔一样在此避难的耶拿人，约有一百三十人挤在床上和稻草上。

正是在去弗罗曼家的路上，黑格尔见到了皇帝。拿破仑即将到来的消息是在中午时分传开的。许多人都把某个元帅误认为他。那些认为自己已经见过他的人并不认识他，而那些认识他的人还没有见到他。黑格尔穿着拖鞋站在那里——他的靴子已被人从脚上扯下来——目睹着世界灵魂如何在其随从的簇拥下骑马穿过城门，欧洲的未来凝聚在这一刻。这正是世界灵魂所做的：它们渗透到整个世界中，从最内层的核心一直到最外侧的边缘，

---

* 正如黑格尔 1806 年 10 月 13 日在写给尼塔默的信的附言中透露的，在法国入侵后的第一个晚上，他显然是在黑尔费尔德专员的家里度过的。约翰·菲利普·加布勒写道，第二天，黑格尔在去弗罗曼那里之前曾短暂地到过他家。

在整体和部分（无论多么微不足道）之间建立起有机的关系；既包括微观世界，也包括宏观世界，从人间到天堂，再回到人间。

在黑格尔看来，拿破仑·波拿巴与其说是军事天才、奥斯特利茨的英雄和欧洲大陆的统治者，不如说是《拿破仑法典》的伟大缔造者，这部根据革命理想编纂的民法典可能是近代史上最重要的立法。为此，我们很难不佩服他。

弗罗曼暂时不必担心遭到抢劫和其他类似的威胁。将军们、军官们和士兵们对他们在出版社受到的盛情款待非常感激，随时准备拔出军刀、端起步枪，以吓退入侵的暴徒。黑格尔可以在这里待上几天。

◆ ◆ ◆

1801 年底，弗里茨和多罗特娅永远地离开了耶拿。他们的目的地是巴黎，哲学的古都和新世界的首都。他们搬去耶拿跟卡罗琳和威廉一起生活不过是两年多前的事，却让人感觉过了好久。

巴黎为弗里茨和多罗特娅带来了希望：并不是因为他们热爱这个地方，也不是因为他们想促进德法人民之间的文化交流，而是因为这座城市为弗里茨这样的自由作家和自由精神提供了最佳的谋生机会。德意志的空气只会让人变得顺从。

弗里茨想起了格奥尔格·福斯特，在美因茨昙花一
现的革命之后，他在法国首都找到了许多靠写作赚钱的
方法。在德意志，一切都被强行压制，而巴黎则是开放的、
国际化的和集大成的——这里是欧洲的艺术殿堂：拿破仑
时代的强盗大亨们把从世界各地掠夺的珍宝带到了这里。
在欧洲，再没有哪座城市能够展出如此多的艺术品，集结
如此多的大师，供人细细品味。相比之下，德累斯顿的画
廊看起来就像一个放破烂的小房间。

春天，就在法国和神圣罗马帝国在吕内维尔签署和
约，从而结束第二次反法同盟战争前不久，多罗特娅笔耕
多年的小说《佛罗伦萨人》终于面世——当然，是以匿名
的方式。至于弗里茨一直在创作的《卢琴德》第二部是否
会出版，多罗特娅已经对这一天的到来不抱希望。在耶拿，
生活是美好的，可那样的日子已一去不复返。

◆ ◆ ◆

当然，耶拿人从未想过战争会是这样的。没经历过
战争的人对战争自然没有概念；但那些自以为见过一场战
争就见识了所有战争的人也不了解战争，因为每一场战争
总是不一样的。如果你不得不目睹死者被抬出临时改成病
房的圣米迦勒教堂，赤身裸体地堆积在手推车上，运到城
门外的永眠之地，你逃过一劫又有什么意义？在教堂里，

越来越多的伤员在等待着有人来照顾他们。在他们的上方是天使长米迦勒，他打败了化身为恶龙的魔鬼，并将其摔在地上。管风琴雄浑的旋律和会众的合唱声已然沉寂。

黑格尔在《精神现象学》的最后一节中写道，"得到概念式把握的历史"是"绝对精神的各各他"。一方面，它仍然把精神作为显现在偶然性形式下的实存，但另一方面，它也是"以显现出来的知识为对象的科学"，他的《精神现象学》为这一科学奠定了方法论基础。这是黑格尔念兹在兹的哲学叙事。无论历史有时会走多少弯路和小路，它始终受到理性的支配。

无论如何，黑格尔都不可能留在耶拿。他现在需要的是稳定的生计。在班贝格，他也许能在一家政治报纸找到一份编辑的工作。哪怕只是为了对样稿做最后的校订并弥补遗漏，在那里度过部分的冬天也是值得的。手稿很可能在他去那里的途中被弄得乱七八糟，就像彩票一样。弗里德里希·尼塔默已经在班贝格的学校系统找到工作，他可以暂时借住在尼塔默那里。他，黑格尔，必须尽快重新站起来。他的时间已经不多。这场战争是多面的。

他决心给尼塔默写封信，以解释自己的处境。他会告诉对方 1806 年 10 月 13 日发生的事，那天普鲁士-萨克森联军逃离了这座城市，为法国军队扫清了道路。他还会描述耶拿-奥尔施泰特战役的前夜，在这场战役中，随着普鲁士军队总指挥、不伦瑞克公爵卡尔·威廉·斐迪南，也即魏玛公爵夫人的兄弟，被一颗从侧面射来的火枪子弹打瞎眼睛，身负重伤，不得不用担架抬走，普鲁士军队遭遇了惨败。他还会讲述德德莱茵府邸的情况，这座房子在城市发生的多次火灾中都幸免于难。还会谈到歌德几天后从魏玛寄来的信，信中询问他在耶拿的朋友们境况如何，并告知说公爵和公爵夫人都过得很好。

新学期被推迟了，至于什么时候开学，需等进一步通知。

生命之路：后来的事

诺瓦利斯

耶拿小圈子的这位朋友逝于 1801 年，但他的作品得以永存。就在诺瓦利斯于魏森费尔斯去世一年后，弗里德里希·施莱格尔和路德维希·蒂克收集了他们能收集到的一切：那些遗留下来的、四散各处的、被忽略的文本。他们会出版他的作品集，从他生前发表的《夜颂》到未完成的《亨利希·冯·奥夫特丁根》。施莱格尔和蒂克还得到了诺瓦利斯 1799 年 11 月在耶拿的演讲手稿，并决定对其节选出版；直到 1826 年他的作品新版面世时，手稿才得以完整呈现。诺瓦利斯的作品很快成为浪漫主义的缩影，而他提出的"蓝花"这一意象，则标志着对一次又一次避开我们的无限的追寻。在一个祛魅的世界里，他对复魅的呼吁引起了越来越响亮的共鸣。

奥古斯特·威廉·施莱格尔

威廉没有作出别的选择：他为斯塔尔夫人一直工作到 1817 年——超过了十三年，这是一段漫长的岁月。谢天谢地的是，旅行不断让他走出小小的瑞士，前往维也纳、巴黎、德累斯顿和魏玛。与此同时，翻译但丁、塞万提斯、卡尔德隆和莎士比亚的工作也进展顺利。直到斯塔尔夫人的去世才切断两人的这种关系。威廉重返讲坛，在新成立的波恩大学担任德意志第一位印度学教授。海因里希·海涅参加了他的文学讲座。他翻译的莎士比亚至今仍是近代文学经典。

卡罗琳·施莱格尔

卡罗琳很庆幸自己终于嫁给了谢林。他是她最后的依靠。她毫不犹豫地跟随丈夫去到维尔茨堡和慕尼黑，尽管她在这两座城市并不好过。她仍然遭受着社会的敌意，被称为"路西法夫人"；她的过去就是不肯放过她。好在她和丈夫在慕尼黑再次遇到了克莱门斯·布伦塔诺，蒂克偶尔也会去那里。但谢林夫妇的社交圈仍然很小。1809 年 9 月 7 日，在去毛尔布龙探望谢林的父母期间，卡罗琳遭受了与女儿奥古斯特相同的命运——死于痢疾。谢林再次陷入深深的存在危机之中，不过这一次他没能走出。卡罗琳墓前的方尖碑上刻着："安息吧，你这虔诚的灵魂，直到我们永远团聚。愿你现在所面对的上帝，赏赐你比死亡更强大的爱与忠诚。"有些裂痕是时间无法弥合的。

谢林

1803 年底，谢林也离开了耶拿，巴伐利亚选帝侯马克西米利安·约瑟夫希望他能到维尔茨堡大学任教。但维尔茨堡也只是一个插曲。1806 年春，他转到巴伐利亚的公务员系统。在这里，他碰到了一位老熟人，不过这个人现在已经成了他公开的死对头：弗里德里希·海因里希·雅各比，以慕尼黑巴伐利亚科学与人文学院院长的身份，成为他的顶头上司。1816 年，歌德阻挠谢林重新任命到耶拿任教。1821 年，他到埃尔兰根当名誉教授。1827 年，他被派到新成立的慕尼黑大学任教。1841 年，谢林渴望已久的时刻终于到来：他获得了黑格尔在柏林的讲座教授职位（黑格尔已于 1831 年去世）。他们俩的关系后来也完全破裂，这使他获得这个职位时更加高兴。他的听众很多，包括克尔凯郭尔、恩格斯和布克哈特。但是，他很快会从受人追捧的高位上坠落，听他课的将只剩下零星几个人。1854 年，已经退休的谢林在瑞士接受温泉治疗时去世，享年七十九岁。他的哲学没有形成学派，一直处于黑格尔的阴影之下。只有海德格尔重新发现了他，认为他是最果断地将思想推向自我超越的德国唯心主义者。今天，谢林的自然观比以往任何时候都更具现实意义。自然向来本就是精神这一观念，可以让我们在与自然打交道时变得敏感。

多罗特娅·施莱格尔

为了保住对儿子的监护权，多罗特娅曾答应前夫西蒙·法伊特不会改宗基督教。但随着 1804 年她即将与弗里茨在巴黎成婚，皈依的时机到来：出身于受人尊敬的犹太家庭的多罗特娅·法伊特成了一名新教徒，仅仅四年后又成了一名天主教徒。她同弗里茨一样决心迈出这一步，并坚信只能通过基督教信仰才能得到救赎。1829 年丈夫在德累斯顿逝世之后，她和儿子——此时已成为一名杰出的视觉艺术家——搬到美因河畔的法兰克福，菲利普·法伊特在那里成为施塔德尔博物馆的馆长。十年后，多罗特娅在法兰克福逝世。作为作家和翻译家，她是 19 世纪初那些杰出女性中的一员，她们不仅主张自己的自决权，而且在必要时还会夺取自决权。

弗里德里希（"弗里茨"）·施莱格尔

弗里茨在到达巴黎后，就开始寻求与那里的知识界接触。不久，他举办起了讲座，并愈发深入地沉浸在对波斯语和梵语的研究中。来自英国的梵语学者、印度语言专家亚历山大·汉密尔顿在弗里茨住的楼里转租了一套公寓，为他的研究提供了有利的机会。弗里茨致力于为欧洲发现东方，就像他之前致力于发现古代一样，并开始出版一本名为《欧罗巴》的杂志。有一天，一位科隆富商的两个儿子苏尔皮兹·布瓦塞雷和梅尔基奥尔·布瓦塞雷住进了多罗特娅和弗里茨的家中，为他们带来了通往新视界的道路。这两个科隆人对弗里茨很有信心，邀请他去那座莱茵河畔的城市，唯一的条件是他必须娶多罗特娅为妻，而这也意味着多罗特娅得先皈依基督教。就在拿破仑在巴黎圣母院自我加冕为法国皇帝的四天后，他们秘密举行了洗礼和婚礼。但精神的奥德赛之旅并没有在下一站结束。1808 年，他和多罗特娅移居维也纳，并在那里讲授生命哲学。1829 年，他在德累斯顿因中风而意外去世。施莱格尔的小说理论彻底改变了我们谈论文学的方式：读者扮演着助产士的角色，只有他们不断地进行批判性的自我反思，文本才能具有生命力，并不断得以重塑。

路德维希·蒂克

从耶拿动身前往巴黎之前，弗里茨和多罗特娅在德累斯顿停留了一下。路德维希·蒂克带着他的妻子阿玛莉和小女儿多罗特娅已经搬到了那里。蒂克和弗里茨计划将他们的朋友诺瓦利斯的文字汇编成册并尽快出版。蒂克并不想去别的地方。他可以想象自己继续留在德累斯顿，接受宫廷剧院艺术顾问的职位，并且跟过去一样，身边聚集着一群志趣相投者，用他的戏剧朗读艺术去打动他们。谁能想到有一天，他也会被腓特烈·威廉四世任命为柏林的普鲁士宫廷剧作家，并于 1853 年在那里去世，享年七十九岁。蒂克在他的戏剧《吉诺维瓦》中，借戈洛这位王权伯爵的管家之口，是怎么说的？

> 时间冷漠无情地从我们身边流逝；它对我们的痛苦和欢乐都一无所知；它用冰冷的手带领我们在迷宫中越陷越深，直到最后将我们抛弃，我们环顾四周，搞不清自己身在何处。

大事记

1775 年   歌德抵达魏玛（11 月 7 日）。

1781 年   康德的《纯粹理性批判》出版。《实践理性批判》和《判断力批判》相继于 1788 年和 1790 年出版。

1785 年   《文学汇报》在耶拿创办。

1789 年   席勒在耶拿发表就职演讲（5 月 26 日）。在巴黎，攻占巴士底狱预示着法国大革命的开始（7 月 14 日）。

1790 年   谢林进入图宾根大学学习，在新教神学院结识黑格尔和荷尔德林。

1792 年   以普鲁士和奥地利为首的第一次反法同盟与法国开战（4 月 20 日）。路易十六被法国国民大会废黜（9 月 21 日）。

1793 年   美因茨共和国宣布成立（3 月 18 日）。两周后，卡罗琳·伯默被捕(4 月 2 日)，三个月后才重获自由(7

月 5 日）。

1794 年　　费希特被任命为耶拿大学教授。

1796 年　　奥古斯特·威廉·施莱格尔和卡罗琳·伯默（现
　　　　　　为卡罗琳·施莱格尔）应席勒之邀来到耶拿。

1797 年　　腓特烈·威廉三世登上普鲁士王位（11 月 16 日）。

1798 年

2 月：威廉·海因里希·瓦肯罗德逝世（13 日）。法国推翻教
皇国，建立罗马共和国（15 日）。

5 月：《雅典娜神殿》创刊。谢林于圣灵降临节访问耶拿，并
与歌德和席勒见面。

6 月：克莱门斯·布伦塔诺进入耶拿大学学习医学。谢林的《论
世界灵魂》出版。

7 月：威廉·施莱格尔和谢林到耶拿大学任教。

8 月：弗里德里希·施莱格尔、威廉·施莱格尔、卡罗琳、谢
林、诺瓦利斯、费希特和约翰·迪德里希·格里斯一起参观
德累斯顿的画廊和古物收藏馆。

10 月：谢林抵达耶拿（5 日）。翻新后的魏玛剧院重新开放，
首演了席勒的《华伦斯坦的阵营》（12 日）。谢林在耶拿发表
首次演讲（18 日）。费希特和尼塔默出版的《哲学杂志》被指
控为无神论。

1799 年

1 月：多罗特娅·法伊特（娘家姓门德尔松）和西蒙·法伊特

离婚（11 日）。席勒的《皮柯洛米尼父子》在魏玛首演（30 日）。

3 月：谢林的《自然哲学体系初步纲要》出版。由俄国、奥地利和英国领导的第二次反法同盟战争爆发（12 日）。

4 月：费希特被大学开除（1 日）。席勒的《华伦斯坦之死》在魏玛的宫廷剧院首演（20 日）。

5 月：弗里德里希·施莱格尔的《卢琴德》第一部出版。

7 月：费希特离开耶拿前往柏林（1 日）。

8 月：教皇庇护四世在瓦朗斯去世（29 日）。

9 月：弗里德里希·施莱格尔抵达耶拿（2 日）。

10 月：多罗特娅带着儿子菲利普到达耶拿（6 日）。《大钟歌》发表在席勒编辑的《缪斯年鉴》上。路德维希·蒂克携家人在耶拿定居。

11 月：拿破仑成为法兰西共和国第一执政（10 日）。施莱格尔圈子聚在洛伊特拉街，对文本进行集体讨论（11 日—15 日）。

12 月：席勒从耶拿搬到魏玛（3 日）。蒂克向歌德朗诵他的戏剧《吉诺维瓦》（5 日—6 日）。

1800 年

4 月：谢林的《先验唯心论体系》出版。

5 月：谢林离开耶拿，前往班贝格举办私人系列讲座（3 日）。

6 月：席勒的《玛利亚·斯图亚特》在魏玛宫廷剧院首演（14 日）。拿破仑进攻奥地利，并在马伦戈战役中取得决定性胜利（14 日）。蒂克一家离开耶拿。

7 月：奥古斯特·伯默在巴特博克莱特的温泉疗养院死于痢疾

（12 日）。

8 月：弗里德里希·施莱格尔被授予博士学位（23 日）。《雅典娜神殿》第六期，也是最后一期出版。诺瓦利斯身患重病。布伦塔诺离开耶拿。

10 月：谢林从班贝格返回耶拿（5 日）。弗里德里希·施莱格尔进行了试讲（18 日）。

12 月：歌德、席勒和谢林在位于弗劳恩普朗的房子里庆祝新世纪的开始。

1801 年

1 月：黑格尔抵达耶拿。

2 月：法国和神圣罗马帝国在吕内维尔签订和约（9 日）。

3 月：弗里德里希·施莱格尔的授课资格论文答辩（14 日）。诺瓦利斯逝于魏森费耳斯，去世时他的弟弟卡尔和未婚妻尤丽叶·沙彭蒂耶（25 日）陪在一旁。

10 月：威廉·施莱格尔开始在柏林举办文学和艺术讲座。

12 月：弗里德里希·施莱格尔和多罗特娅·施莱格尔离开耶拿前往巴黎。

1802 年　　由谢林和黑格尔编辑的《哲学批判杂志》创刊。

1803 年　　卡罗琳与威廉·施莱格尔离婚（5 月 17 日），与谢林结婚（6 月 26 日）；年底，谢林被维尔茨堡大学任命为教授。斯塔尔夫人和邦雅曼·贡斯当一起离开法国，前往德意志旅行（11 月 8 日）。

1804 年　威廉·施莱格尔离开柏林，与斯塔尔夫人一同前往瑞士。拿破仑自我加冕为法国皇帝(5 月 18 日)。

1806 年　法国军队入侵耶拿(10 月 13 日)。一天后,普鲁士 - 萨克森军队在耶拿和奥尔施泰特被击溃。

1807 年　黑格尔的《精神现象学》出版。

参考文献

Anonymus: »Schlegels Monolog nach Erscheinung des Hyperboreischen Esels«, in: *Goldener Spiegel für Regenten und Schriftsteller*, Mainz 1801, S. 103–104.

Anonymus: »Wann beginnt das neue Jahrhundert?«, in: *Der Bote aus Thüringen*, Schnepfenthal 1800, S. 2–8.

Abeken, Rudolf: *Goethe in meinem Leben. Erinnerungen und Betrachtungen von Bernhard Rudolf Abeken*, hg. v. Adolf Heuermann, Weimar 1904.

Bamberg, Claudia, und Cornelia Ilbrig: *Aufbruch ins romantische Universum. August Wilhelm Schlegel*, Frankfurt am Main 2017.

Böttiger, Karl August: »Ueber die erste Aufführung der Piccolomini auf dem Weimarischen Hof-Theater«, in: *Journal des Luxus und der Moden*, Februar 1799, wieder abgedruckt in: *Schiller und sein Kreis in der Kritik ihrer Zeit*, hg. v. Oscar Fambach, Berlin 1957, S. 434–440.

Campe, Elisabeth: *Aus dem Leben von Johann Diederich Gries. Nach seinen eigenen und den Briefen seiner Zeitgenossen*, Leipzig 1855.

Caroline: *Briefe aus der Frühromantik*, 2 Bde., hg. v. Georg Waitz, Leipzig 1913.

Doebber, Adolf: *Lauchstädt und Weimar. Eine theatergeschichtliche Studie. Mit 20 Tafeln und Abbildungen im Text*, Berlin 1908.

Fichte, Johann Gottlieb: *Gesamtausgabe der Bayerischen Akademie der Wissenschaften*, I. Werke; II. Nachgelassene Schriften; III. Briefe; IV. Kollegnachschriften, hg. v. der Fichte-Kommission der Bayerischen Akademie der Wissenschaften, Stuttgart-Bad Cannstatt 1962 ff.

Frank, Manfred: *Einführung in die frühromantische Ästhetik*, Frankfurt am Main 1989.

–: ›*Unendliche Annäherung‹. Die Anfänge der philosophischen Frühromantik*, Frankfurt am Main 1997.

Frommann, Friedrich Johannes: *Das Frommansche Haus und seine Freunde. Dritte durch einen Lebensabriß F. J. Frommanns aus der Feder Dr. Hermann Frommanns vermehrte Ausgabe*, Stuttgart 1889.

Förster, Eckart: *Die 25 Jahre der Philosophie. Eine systematische Rekonstruktion*, Frankfurt am Main 2011.

Gamper, Michael, und Helmut Hühn: *Was sind Ästhetische Eigenzeiten*, Hannover 2014.

Goethe, Johann Wolfgang: *Goethes Werke*, hg. im Auftrag der Großherzogin Sophie von Sachsen, 143 Bde., Weimar 1887–1919, Nachdruck 1987, nebst Bd. 144–146, Nachtrage und Register zur

IV. Abt.: Briefe, hg. v. Paul Raabe, Bde. 1–3, München 1990.

Hartmann, Reinhold Julius: *Das Tübinger Stift. Ein Beitrag zur Geschichte des deutschen Geistesleben*, Stuttgart 1918.

Hegel, Georg Wilhelm Friedrich: *Gesammelte Werke*, in Verbindung mit der Deutschen Forschungsgemeinschaft hg. v. der Nordrhein-Westfälischen Akademie der Wissenschaften und der Künste, Hamburg 1968 ff.

–: *Werke in zwanzig Bänden. Theorie-Werkausgabe*, hg. v. Eva Moldenhauer / Karl-Markus Michel, Frankfurt am Main 1969 ff.

Henrich, Dieter: *Grundlegung aus dem Ich. Untersuchungen zur Vorgeschichte des Idealismus. Tübingen–Jena (1790–1794)*, Frankfurt am Main 2004.

Hufeland, Christoph Wilhelm: *Leibarzt und Volkserzieher. Selbstbiographie von Christoph Wilhelm Hufeland*, hg. u. eingel. v. Walter von Brunn, Stuttgart 1937.

Hühn, Helmut, und Joachim Schiedermair (Hg.): *Europäische Romantik. Interdisziplinäre Perspektiven der Forschung*, Berlin / Boston 2015.

Jaeschke, Walter (Hg.): *Transzendentalphilosophie und Spekulation. Der Streit um die Gestalt einer Ersten Philosophie (1799–1807)*, Hamburg 1993.

Kant, Immanuel: *Gesammelte Schriften*, I. Abteilung: Werke (Bd. 1–9); II. Abteilung: Briefwechsel (Bd. 10–13); III. Abteilung: Nachlaß (Bd. 14–23); IV. Abteilung: Vorlesungen (Bd. 24–29), hg. v. der Berlin-Brandenburgischen Akademie der Wissenschaften, Berlin 1900 ff.

Koselleck, Reinhart: *Vergangene Zukunft. Zur Semantik geschichtlicher Zeiten*, Frankfurt am Main 1989.

Körner, Josef: *Romantiker und Klassiker. Die Brüder Schlegel in ihren Beziehungen zu Schiller und Goethe*, Berlin 1924.

Kösling, Peer: *Die Familie der herrlich Verbannten. Die Frühromantiker in Jena. Anstöße–Wohnungen–Geselligkeit*, Jena 2010.

Krippendorf, Johann Adam: *Schilderungen der merkwürdigsten Kriegsbegebenheiten bei Auerstädt. Von einem Augenzeugen und Führer des Herzogs von Braunschweig*, Apolda und Stadtsulza 1808.

Lyncker, Carl Wilhelm Heinrich Freiherr von: *Ich diente am Weimarer Hof. Aufzeichnungen aus der Goethezeit*, hg. v. Jürgen Lauchner, Köln/Weimar/Wien 1997.

Müller, Gerhard, Klaus Ries und Paul Ziche (Hg.): *Die Universität Jena. Tradition und Innovation um 1800*, Stuttgart 2001.

Nicolai, Friedrich: *Beschreibung einer Reise durch Deutschland und die Schweiz, im Jahre 1781. Nebst Bemerkungen über Gelehrsamkeit, Industrie, Religion und Sitte*n, Bd. 11, Berlin 1796.

Petersdorff, Dirk von, und Ulrich Breuer (Hg.): *Das Jenaer Romantikertreffen im November 1799*. Ein Streitfall, Paderborn 2015.

Paul, Gertrud: *Die Schicksale der Stadt Jena und ihrer Umgebung in den Oktobertagen 1806. Nach den Quellen dargestellt*, Jena 1920.

Paulus, Heinrich Eberhard Gottlob: *Entdeckungen über die Entdeckungen unserer neuesten Philosophen. Ein Panorama in fünfhalb Acten und einem Nachspiel*, Bremen 1835.

Ratjen, Henning: *Johann Erich von Berger's Leben. Mit Andeutungen und Erinnerungen zu J. E. v. Berger's Leben*, Hamburg 1835.

Rosa, Hartmut: *Beschleunigung. Die Veränderung der Zeitstruktur in der Moderne*, Frankfurt am Main 2005.

Sandkaulen, Birgit: *Grund und Ursache. Die Vernunftkritik Jacobis*, München 2000.

Schelling, Friedrich Wilhelm Joseph: *Sämmtliche Werke* [SW], I. Abteilung: 10 Bde. (=I-X); II. Abteilung: 4 Bde. (=XI-XIV), hg. v. Karl Friedrich August Schelling, Stuttgart / Augsburg 1856 ff.

–: *Historisch-kritische Ausgabe*, I. Werke; II. Nachlaß; III. Briefe, hg. v. der Schelling-Kommission der Bayerischen Akademie der Wissenschaften, Stuttgart-Bad Cannstatt 1976 ff.

Schief, Walter: *Goethes Diener*, Berlin / Weimar 1965.

Schierenberg, Karl-August: »*In Goethes Haus–in Goethes Hand«. Goethe und seine Diener und Helfer*, Wetzlar 1994.

Schiller, Friedrich: *Schillers Werke*, begr. v. Julius Petersen, hg. v. Lieselotte Blumenthal und Benno von Wiese, Weimar 1943 ff.

Schlegel, Friedrich: *Kritische Friedrich-Schlegel-Ausgabe*, hg. v. Ernst Behler unter Mitwirkung v. Jean-Jacques Anstett / Hans Eichner, Paderborn u. a. 1958 ff.

See, Klaus von, und Helena Lissa Wiessner (Hg.):*Die Schlacht von Jena und die Plünderung Weimars im Oktober 1806*, Heidelberg 2006.

Segebrecht, Wulf (Hg.): *Romantische Liebe und romantischer Tod. Über den Bamberger Aufenthalt von Caroline Schlegel, Auguste*

Böhmer, August Wilhelm Schlege, und Friedrich Wilhelm Joseph Schelling im Jahre 1800, Bamberg 2000.

Segebrecht, Wulf (Hg.): *Romantische Liebe und romantischer Tod. Über den Bamberger Aufenthalt von Caroline Schlegel, Auguste Böhmer, August Wilhelm Schlegel, und Friedrich Wilhelm Joseph Schelling im Jahre 1800*, Bamberg 2000.

Speyer, Karl Friedrich: *Dr. A. F. Marcus nach seinem Leben und Wirken geschildert von seinem Neffen Dr. Speyer und Dr. Marc. Nebst Krankheits-Geschichte, Leichenöffnung, neun Beilagen und dem vollkommen ähnlichen Bildnisse des Verstorbenen*, Bamberg / Leipzig 1817.

Steffens, Henrik: *Was ich erlebte. Aus der Erinnerung niedergeschrieben*, 4 Bd., Breslau 1840.

Stoll, Adolf: *Der Maler Johann Friedrich August Tischbein und seine Familie. Ein Lebensbild nach den Aufzeichnungen seiner Tochter Caroline*, Stuttgart 1923.

Tilliette, Xavier (Hg.): *Schelling im Spiegel seiner Zeitgenossen*, 2 Bd., Turin 1974/1981.

Waltershausen, H. G.: *Der Diener seiner Exzellenz*, Stuttgart 1949.

Wolzogen, Caroline von: *Schillers Leben. Verfaßt aus Erinnerungen der Familie, seinen eigenen Briefen und den Nachrichten seines Freundes Körner*, Stuttgart/ Tübingen 1830.

Zollinger, Max: »Das Schweizer Tagebuch von Goethes Famulus«, in: *Neue Zürcher Zeitung*, 18. Oktober 1931.

望 MOUNTAIN
登自己的山

主　　编｜谭宇墨凡
特约编辑｜卢安琪

营销总监｜闵　婕
营销编辑｜狄洋意　　许芸茹

版权联络｜rights@chihpub.com.cn
品牌合作｜minjie@chihpub.com.cn

野 SPRING 望 MOUNTAIN

Room 216, 2nd Floor, Building 1, Yard 31,
Guangqu Road, Chaoyang, Beijing, China